Bon anniversaire
à tous vos droits

Bon anniversaire à tous vos droits

LES 175 ANS DE LA CONSTITUTION FÉDÉRALE

Édité par le
Musée national suisse
Musée national Zurich

SANDSTEIN VERLAG

DENISE TONELLA

Avant-propos

1848 marque la naissance de l'État fédéral suisse, Berne devient la capitale fédérale et la première Constitution de la Confédération entre en vigueur : il s'agit d'un tournant majeur dans l'histoire de la Suisse. Celui-ci marque la fin de l'Ancien Régime et représente, en même temps, l'avènement de la Suisse moderne, un changement fondamental de système. Une confédération d'États composée de plusieurs cantons se transforme en État fédéral et la Suisse devient, dans un premier temps, une île démocratique républicaine entourée de régimes aristocratiques européens. La révision de la Constitution de 1874 et l'introduction du droit d'initiative en 1891 amorcent la transition de la démocratie représentative à la démocratie directe. L'élargissement du droit à la participation politique aux juifs, en 1866, et aux femmes, en 1971, constitue deux jalons importants, invoqués par celles et ceux qui ne disposent pas du droit de vote et d'éligibilité, c'est-à-dire les jeunes encore mineurs et les étranger-ères.

175 ans après la fondation de l'État fédéral moderne, le Musée national suisse consacre une grande exposition temporaire à la Constitution suisse. Aujourd'hui, dans un monde où les libertés civiles essentielles sont de plus en plus menacées, une réflexion sur les droits fondamentaux en Suisse est une tâche importante. La Constitution est le fondement d'une démocratie libérale et vive, elle représente la base politico-juridique de notre vie en commun. Depuis la ratification de la Convention européenne des droits de l'homme (CEDH) en 1974 et l'intégration des droits humains internationaux dans la nouvelle Constitution fédérale de 1999, la Suisse dispose d'un catalogue de droits fondamentaux renforcé et harmonisé au niveau supranational. Cette exposition et la présente publication invitent le public et les lecteurs à réfléchir aux libertés de croyance, d'opinion et de la presse ainsi qu'à la protection de la sphère privée ou au droit à un procès équitable. En outre, la Constitution actuelle fait l'objet de questionnements, et un regard est posé sur les droits fondamentaux qui pourraient être nécessaires à l'avenir.

Je souhaite exprimer mes remerciements les plus chaleureux aux co-commissaires Erika Hebeisen et Michael Kempf pour la réalisation de l'exposition et la publication du présent ouvrage. Leur disposition à suivre de nouvelles voies muséologiques et leur curiosité pour le sujet ont été à la fois une source d'inspiration et d'innovation.

Je remercie également Sophie Dänzer pour son travail de coordination soigné et Naomi Eggli pour sa collaboration engagée en ce qui concerne le travail de recherche. Je remercie également la « Rappaport Szenographie Architektur GmbH » pour la conception de l'exposition, le collectif artistique « Weicher Umbruch » pour la réalisation graphique et « Playing History » pour la présentation ludique de contenus complexes. Je tiens à remercier tout particulièrement les éditions Sandstein ainsi que les auteur-es des articles ici réunis. Pour conclure, mes remerciements chaleureux vont à toutes les institutions prêteuses qui ont enrichi notre exposition d'objets essentiels, ainsi qu'aux nombreuses personnes qui ont contribué à la réussite de ce projet.

En quelques semaines à peine, la commission constitutionnelle présente son projet. Deux tiers des cantons l'acceptent. Le 12 septembre 1848, la Diète fédérale adopte la première Constitution fédérale. Le nouvel État fédéral repose sur un système bicaméral, et la Suisse devient une démocratie représentative. Ainsi, pour un certain temps, elle représente une île républicaine au cœur de l'Europe.

Constitution fédérale de la Confédération suisse, Berne, 12.9.1848, fac-similé avec deux cordons | Archives fédérales suisses, Berne

ERIKA HEBEISEN | MICHAEL KEMPF

Introduction

À l'occasion du 175e anniversaire de la Constitution fédérale, le Musée national souhaite à la Suisse bien des droits ! L'exposition et la publication qui l'accompagne nous permettent de revenir sur l'histoire des droits fondamentaux, aujourd'hui ancrés dans la Constitution suisse. Si certains de ces droits fondamentaux étaient déjà inscrits dans la première Constitution de 1848, la plupart y ont été ajoutés ultérieurement, et beaucoup d'entre eux ont d'abord été appliqués sous forme de droits non écrits. Dès le début, la Constitution fédérale suisse pouvait facilement faire l'objet d'une révision. Une partie substantielle des droits fondamentaux actuels fut introduite dans la Constitution lors de sa révision totale en 1999.

La première Constitution de la Suisse moderne n'est pas le fruit de l'invention d'une commission il y a 175 ans de cela, et elle n'est pas non plus tombée du ciel. Elle repose sur des modèles connus et plus audacieux, en premier lieu la Déclaration des Droits de l'Homme et du Citoyen, issue de la Révolution française, et la Constitution américaine. De surcroît, la naissance de la Constitution fédérale suisse a été laborieuse. Il n'était pas du tout évident qu'elle survive et soit viable. Encore plus ambitieuse, son initiatrice directe, la Constitution de la République helvétique, n'a tenu que près de cinq ans aux alentours de 1800. Pour sa part, le Pacte fédéral de 1815, qui réglait l'union des cantons souverains, n'était pas une Constitution démocratique. En fait, la démocratie suisse a fait ses premiers pas au début des années 1830 dans les cantons libéraux, bien qu'une Constitution fédérale élaborée par les libéraux en 1832 ait connu un échec cuisant, entrant dans l'histoire suisse sous le qualificatif « d'avorton ».

Durant les quinze années suivantes, les conflits confessionnels s'intensifient au sein de la Confédération. La querelle entre conservateurs et libéraux au sujet du fondement politique d'une future Suisse s'envenime et entraîne la guerre dite du Sonderbund en

Pour la première fois depuis l’échec de la République helvétique, les libéraux conçoivent à nouveau en 1832/33 une Constitution fédérale démocratique. Dans l’illustration, celle-ci est considérée symboliquement comme un « avorton ». Au fond à droite, des libéraux réputés jouent le rôle des accoucheurs. Devant, au centre, ils sont réunis pour le « baptême d’urgence » d’un nouveau-né. D’orientation conservatrice, le dessinateur ne lui donne aucune chance de survie.

Ludwig Adam Kelterborn (attribué à), caricature d’idéologie conservatrice sur les travaux de révision du Pacte fédéral de 1815, vers 1833, lithographie sur papier | Musée national suisse

novembre 1847. Avec l’aide des princes et des souverains entourant la Suisse, les cantons réunis dans le Sonderbund auraient pu empêcher cette expérience libérale au cœur de l’Europe, si ces mêmes voisins ne s’étaient pas trouvés aux prises avec les révoltes libérales au sein de leur propre pays.

Épargnée de toutes interventions militaires de l’extérieur et grâce à une victoire rapide des troupes fédérales, une commission constitutionnelle entame les travaux, à Berne, le 17 février 1848. Prête à faire des compromis, celle-ci conçoit dans un délai raisonnable un projet à même d’obtenir le consensus de la majorité. Ce dernier s’impose dans le cadre d’une procédure électorale pas totalement irréprochable. Le 12 septembre 1848, la première Constitution fédérale suisse entre en vigueur. Accompagnée d’un système bicaméral, la Constitution tient compte des exigences des fédéralistes et pose les bases d’une démocratie qui, dans un premier temps, est représentative.

Les perdants catholiques et conservateurs de la guerre du Sonderbund se tiennent d'abord à l'écart de la politique fédérale de Berne. La force motrice est représentée par les libéraux, qui doivent désormais mettre en œuvre sur le plan politique leurs acquis constitutionnels. En même temps, les mouvements libéraux-radicaux, et finalement aussi les socialistes, ne tardent pas à faire part de leurs intérêts. Leur pression politique transforme une démocratie représentative pour les hommes chrétiens jusqu'en 1891 en démocratie semi-directe pour presque tous les hommes.

Les cinq textes réunis dans cette publication reviennent sur cette époque fondatrice et politiquement mouvementée du jeune État fédéral. Ils s'intéressent en particulier aux droits fondamentaux avant la lettre et aux questions importantes telles que : Qui est concerné ? Qui peut participer à la prise de décision ? Outre les petites minorités, toutes les femmes ainsi que les hommes juifs sont exclus du droit de vote et d'éligibilité. L'article de Susanne Bennewitz souligne le faible soutien apporté par la société à l'émancipation juive et, par conséquent, les progrès hésitants de l'égalité juridique en Suisse. Outre la participation politique de couches plus amples de la population, la liberté de la presse est le droit fondamental le plus important inscrit dans la Constitution fédérale de 1848. Dans son article, Vanessa Rüegger retrace le chemin parcouru depuis l'interdiction de la censure à la liberté artistique, dans un processus d'élargissement progressif de la liberté des médias. Initialement, la première Constitution suisse garantit la liberté religieuse uniquement aux deux confessions chrétiennes. La contribution de Josef Lang explique pour quelle raison il en était ainsi et à quel point cette liberté était fragile pour d'autres communautés religieuses. Pour sa part, Martin Lengwiler examine comment s'est formée la prise de conscience concernant la protection de la sphère privée, et quelle sphère privée est considérée comme digne de protection. Enfin, Numa Graa se lance à la recherche des premières allusions à des procès équitables en droit pénal, qui finalement, grâce à l'européanisation de la jurisprudence suisse au cours du dernier tiers du XXe siècle, ont trouvé leur place dans la Constitution fédérale.

Pendant plus de 120 ans, l'État fédéral suisse reste une démocratie purement masculine. En 1971, l'introduction du suffrage féminin octroie aux Suissesses le droit de participer à la vie politique. À partir de ce grand pas vers la démocratisation du pays, l'exposition et la présente publication abordent la formation des droits fondamentaux qui ont été introduits dans la Constitution de 1999 en vigueur aujourd'hui. Avec la ratification de la Convention européenne des droits de l'homme en 1974, la Suisse s'intègre dans un système juridique de niveau supérieur. Dès lors, les jugements de la Cour européenne des droits de l'Homme (CrEDH) à Strasbourg, ceux du Tribunal fédéral et les initiatives populaires participent ensemble au développement de la Constitution. L'article de Helen Keller évoque la manière dont les droits fondamentaux européens ont été intégrés dans la Constitution fédérale suisse. Dans un exemple illustrant la procédure de naturalisation dans les années 1960, Regula Argast montre les idéologies qui perdurent encore aujourd'hui contre la participation politique des étranger-ères en Suisse. Jacqueline Grigo examine, quant à elle, le fait que la liberté de croyance, encore à la fin du XXe siècle, n'est pas appliquée à toutes les communautés religieuses, comme l'illustrent les débats politiques et juridiques autour du voile des femmes musulmanes.

Comme le montrent les articles réunis ici, la Constitution fédérale suisse est capable d'intégrer les changements vécus par la société parce qu'elle peut être révisée et complétée. À l'avenir, cela sera aussi nécessaire pour traiter de manière démocratique les sujets politiques controversés : la population étrangère résidente, qui représente maintenant un quart de la population suisse, devrait-elle avoir le droit de participer aux décisions politiques ? Quels éléments faudrait-il intégrer ou pas dans une Constitution afin que la liberté de croyance s'applique à toutes et à tous ? Comment inciter les géants de la technologie à respecter la sphère privée de leurs utilisatrices et utilisateurs ? Ou encore, comment adapter la Constitution pour faire face de manière adéquate à la crise climatique ? En ce sens, la perspective proposée par Debjani Bhattacharyya dans cette publication pose la question suivante : la Suisse a-t-elle besoin d'un droit au froid ?

La liberté
de conscience
et de croyance
est inviolable

Cst. 1874, art. 49.

La liberté de religion, hôte étranger dans nos vallées

Dans son message relatif à la révision totale de la Constitution en juin 1870, le Conseil fédéral écrivait : « La notion de liberté de religion provient de ce pays des libertés situé au-delà de l'océan. Elle est revenue vers la vieille Europe, tel un hôte étranger inspirant la méfiance, sans visiter d'abord nos vallées. » La Suisse est certes « le pays de la liberté politique », mais la « liberté de religion » est « restée depuis toujours très restreinte par la loi et les coutumes. »

La Constitution fédérale de 1848 plaçait déjà la liberté politique au-dessus de la liberté de religion. Elle avait tout de même mis sur un pied d'égalité les confessions et les citoyens chrétiens. Cela signifie que les catholiques dans les cantons protestants et les protestant-es dans les cantons catholiques disposaient de la même liberté d'établissement et de croyance, ainsi que des mêmes droits politiques. La forte campagne d'opposition qui s'éleva en été 1848 montre l'énorme avancée que cela représentait. À Uri, un ancien landamman alerta sur le fait qu'« à l'avenir, les protestants auraient le droit de prêcher dans les rues d'Altdorf. » À la Landsgemeinde de Nidwald, on allégua que « les catholiques allaient être dominés par des protestants. » À Zoug, des prêtres présagèrent que les « catholiques devraient renoncer à leur foi et se convertir au protestantisme. »

La résistance opposée aux citoyen-nes d'autres confessions, également vécue dans les régions protestantes, explique en grande partie les entraves à la participation politique subies par plusieurs nouveaux arrivants, hommes et femmes, dans les communes. Les communes bourgeoises furent remplacées ou complétées par les communes politiques après la première révision totale de la Constitution, confortant ainsi les minorités confessionnelles. Les institutions modernes garantissaient plus l'égalité des droits religieux que

Disteli f.

Les couvents et l'ordre des jésuites étaient les deux principaux points de discorde dans la lutte pour l'État fédéral. D'un point de vue libéral, ceux-ci amplifiaient la division du pays au niveau confessionnel. La caricature réalisée par un catholique libéral présente un jésuite faisant pression sur les fidèles.

Martin Disteli, Prédication d'un zélote, ébauche pour un mouchoir, Soleure, vers 1834, dessin à la plume peint à l'aquarelle. | © Musée d'art et d'histoire, Ville de Genève, photographe : André Longchamp

les institutions traditionnelles. L'empreinte religieuse des écoles primaires demeura un problème important, en particulier dans les régions conservatrices. De ce fait, la liberté de culte et la tolérance furent aussi revendiquées dans le nouvel article de la Constitution de 1874 concernant les écoles. Celui-ci engageait les cantons à offrir des enseignements pouvant être fréquentés par tous, « sans préjudice de leur liberté de conscience ou de croyance. » Grâce aux lois fédérales, d'autres progrès furent déjà réalisés auparavant. En 1851, l'Assemblée fédérale abrogea les règlements cantonaux qui constituaient un obstacle au mariage entre couples de confessions différentes. Ensuite, le mariage civil et le droit du divorce furent inscrits dans la Constitution de 1874.

L'exclusion des juives et des juifs suisses de tous les droits susmentionnés était l'une des plus grandes faiblesses de la Constitution fédérale de 1848. En Argovie, l'égalité des droits des juives et des juifs qui y vivaient à l'époque, c'est-à-dire un tiers des 4216 juives et juifs du pays, fut fortement rejetée en 1862. Le principal porte-parole du mouvement antisémite *Mannlisturm* était aussi à la tête de l'Association Pie IX, ainsi nommée en l'honneur du souverain pontife de l'époque. Les principes programmatiques de la lutte contre l'émancipation de la population juive étaient les suivants : « Les juifs ne peuvent être ni nos concitoyens ni nos compatriotes. Historiquement, la Suisse est une patrie chrétienne. »

Après avoir statué sur l'égalité des droits politiques des juifs en Argovie, la Confédération était appelée à la mettre en œuvre. Une votation sur la première révision partielle de la Constitution fédérale eut lieu en janvier 1866. La liberté d'établissement et l'égalité des droits pour la population juive furent approuvées à la majorité, mais leur liberté de culte et de croyance fut rejetée de justesse. En Suisse centrale, près de 80 % de l'électorat vota contre. Ainsi, la liberté religieuse juive devint un des thèmes centraux du débat qui s'ensuivit sur la révision totale. Un conseiller aux États uranais s'y opposa en ayant recours à une formule des plus modernes : « La Suisse doit-elle être un État chrétien ou un État cosmopolite ? » Le 19 avril 1874, avec une participation de 82 %, les deux tiers de la population masculine se prononcèrent en faveur d'un État fédéral laïque.

Près de 20 ans après la reconnaissance de la liberté de croyance juive dans le cadre de la nouvelle Constitution fédérale de 1874, celle-ci fut à nouveau restreinte par l'acceptation en 1893 de la toute première initiative populaire. La caricature montre que lors de la bataille électorale marquée par l'antisémitisme, l'accusation de meurtre rituel contre les juifs fut récupérée.

Caricature sur l'interdiction de l'abattage rituel, *Nebelspalter,* vol. 19, numéro 33, Zurich, 19. 8. 1893 | Nebelspalter, Zurich

Catholique libéral, Augustin Keller fut entre 1835 et 1875 une figure clé de la lutte pour un État fédéral laïque. En 1841, il proposa la suppression des couvents d'Argovie et, en 1844, celle de l'ordre des jésuites. Dans les années 1860, engagé dans la défense de l'égalité des juifs, une loge juive fondée en 1907 à Zurich fut baptisée à son nom.

Portrait d'Augustin Keller, Kunstanstalt C. Knüsli, Zurich, chromolithographie sur papier | Musée national suisse

Dans le cadre du Kulturkampf pour séparer la citoyenneté de l'appartenance religieuse, l'interdiction de l'ordre des jésuites, déjà inscrite dans la Constitution de 1848, fut renforcée. Les membres de l'ordre n'eurent même plus le droit d'exercer individuellement leur foi. La fondation de nouveaux couvents fut également prohibée, et l'éligibilité des ecclésiastiques au Conseil national et au Conseil fédéral refusée. Quant à la création de nouveaux diocèses, elle devait être autorisée par la Confédération. Ces articles d'exception

En 1965, la reconnaissance de la liberté de croyance par le Concile Vatican II ouvrit la voie à la suppression des articles d'exception confessionnels en Suisse en 1973, en 1999 et en 2001. Le Vatican II (1962–1965) répondait sur plusieurs points aux critiques de Vatican I (1869/70).

Bernhard Moosbrugger, Séance inaugurale du Concile Vatican II, Rome, octobre 1962 | © Bernhard Moosbrugger/ Fotostiftung Schweiz (Fondation suisse pour la photographie) contredisaient une vision libérale de la liberté de religion, mais doivent être compris comme une réaction à la croisade anti-libérale du pape. Celle-ci culmina en 1870 avec la proclamation du dogme de l'infaillibilité pontificale par le Concile Vatican I. En 1960, la Congrégation pour la Doctrine de la Foi assurait encore : « Là où l'Église règne, elle entend restreindre les droits des autres croyants, et là où elle est minoritaire, elle exige les mêmes droits que les autres. » La reconnaissance de la liberté de religion par le Concile Vatican II, en 1965, favorisa l'abrogation de l'interdiction de l'ordre des jésuites et de la construction de couvents en 1973.

La tolérance religieuse envers les personnes qui pratiquaient le judaïsme connut un nouveau revers en 1893 avec l'interdiction de l'abattage rituel, encouragée par les protestants conservateurs. L'antisémitisme eut des conséquences dévastatrices au cours de la Seconde Guerre mondiale. L'asile fut refusé à nombre de persécuté-es pour des « raisons raciales ». En 1978, l'interdiction de l'abattage rituel, qui concernait également la population musulmane, fut supprimée de la Constitution mais inscrite dans la loi sur la protection des animaux.

Depuis les années 1970, la société suisse a connu une forte sécularisation, mais aussi une pluralisation en matière de religion. Cette évolution n'a eu aucune influence sur la nouvelle Constitution fédérale de 1999. En effet, la seule modification en matière de politique religieuse a été la réintroduction de l'éligibilité des ecclésiastiques au Parlement. L'article sur les diocèses a été abrogé en 2001, avec 64 % de voix favorables. Un tiers des catholiques, devenus méfiants envers la hiérarchie, en particulier les femmes, avaient voté contre.

À peine libérée des articles d'exception sur la question religieuse, la Constitution a dû en intégrer deux nouveaux : en 2009, l'électorat suisse a accepté à 58 % l'initiative populaire contre la construction de minarets et, en 2021, à 51 % l'interdiction de la burqa. Bon nombre de Suissesses et de Suisses ont encore des réserves vis-à-vis de la liberté et de la tolérance religieuse.

Toute

personne

a le droit d'être

protégée

contre l'emploi abusif des données qui la concernent

BW 1999, art. 13, al. 2

La protection de la sphère privée : un droit fondamental entre protection de l'État et protection contre l'État

Conformément à l'art. 13 de la Constitution fédérale actuelle, la protection de la sphère privée fait partie des droits fondamentaux de toutes les personnes résidant en Suisse. Celle-ci comprend le respect de la vie privée et familiale, la protection contre l'emploi abusif des données personnelles ainsi que le respect du secret postal et des télécommunications.

La protection de la sphère privée en tant que droit fondamental est un nouveau phénomène, qui n'a été intégré qu'en 1999 dans la Constitution fédérale. Mais cette idée, en tant que principe largement reconnu, est bien plus ancienne. Elle trouve ses origines au XIXe siècle. La garantie d'une sphère privée était à l'époque étroitement liée à l'idée du citoyen républicain. La sphère privée protégeait le libre citoyen des ingérences d'un État fort (c'est-à-dire autoritaire, absolutiste). Le *Meyers Konversationslexikon* de 1889 définissait le terme « privé » comme étant « ce qui s'oppose à la vie publique » et l'économie privée comme l'opposé de l'« économie publique » ou de l'« économie sociale ». Les libertés civiles, nées face au pouvoir croissant d'États absolutistes, étaient d'un point de vue historique étroitement liées à la protection de la sphère privée.

En raison de son histoire et du renforcement progressif de ses pouvoirs, l'État fédéral moderne suisse est entré à plusieurs reprises en conflit avec la revendication des citoyens à la protection de leur sphère privée. Le système fiscal de la République helvétique, en vigueur donc à une époque précédant la fondation de l'État fédéral en 1848, en est une bonne illustration. La tentative d'instituer un

système fiscal et de taxation moderne échoua au début du XIXe siècle, notamment en raison d'une conception radicale du secret fiscal. Ainsi, dans la région de Bâle, le préfet ne pouvait qu'installer une caisse pour le recouvrement des impôts, sans pouvoir contrôler la somme qui y était déposée par les contribuables. L'argent des impôts était placé dans une enveloppe scellée dont le contenu ne pouvait pas être vérifié par les représentants des autorités. Quiconque déposait la somme correcte devait être la risée de ses concitoyen-nes. On trouvait régulièrement bon nombre de fausses pièces dans la caisse.

Ce n'est donc pas un hasard si la Constitution fédérale de 1848 a dû régler un conflit entre l'État et la sphère privée uniquement dans un domaine, à savoir le service postal. La Constitution a ainsi consolidé la position des particuliers en garantissant « l'inviolabilité du secret de la correspondance ».

Le « secret postal » fut enfreint en particulier durant les deux guerres mondiales. Cette lettre fut envoyée en Suisse par un soldat. Elle fut auparavant ouverte et lue par la censure militaire de la monarchie austro-hongroise, en un mot : censurée.

Lettre de Ljubljana à Berne avec cachet de censure, 13. 8. 1915 | Phil_05275 | Musée de la communication, Berne

La grande importance que la société bourgeoise a accordée à la sphère privée depuis le XIXe siècle se manifeste, par exemple, dans le secret professionnel, qui trouve précisément un ancrage juridique dans les différentes professions bourgeoises. Le secret médical protégeait le rapport de confiance entre le médecin et ses patient-es, le secret des avocats le rapport entre les avocat-es et leurs client-es et le secret de la confession les échanges entre les ecclésiastiques et les membres de leur paroisse. Sans oublier le secret bancaire, qui estimait que la situation financière des client-es des banques relevait de la protection de la sphère privée, et qui fut inscrit dans la loi en 1933 afin de servir de contrepoids à la nouvelle surveillance fédérale des banques.

Au cours du XXe siècle, la protection de la sphère privée a été contestée et restreinte, du moins temporairement, dans quatre domaines soumis à l'intervention de l'État, à savoir la protection de l'État, le système fiscal, le système éducatif et l'utilisation des nouvelles technologies.

Longtemps, les assurances-vie suisses ont constitué une banque de données réunissant des informations de santé. Les personnes concernées n'en étaient pas informées. En 1984, même si la Télévision suisse a évoqué cette collecte de données illégale, les assurances n'ont d'abord pas modifié leur pratique.

Irene Loebell, Émission « Kassensturz » sur la banque de données centrale des assurances, 17. 9. 1984 | SRF/SRG

La protection de l'État, qui existait depuis la fondation de l'État fédéral en 1848, avait pour but de sauvegarder l'ordre étatique. En ligne de mire, des individus et des groupes soupçonnés d'activités séditieuses, qui étaient donc surveillés avec des moyens semblables à ceux utilisés par les services secrets militaires. Au XIXe et au début du XXe siècle, lorsque l'État fédéral était encore relativement faible en termes de fédéralisme, la protection de l'État avait une existence marginale. Depuis la période de l'entre-deux guerres et surtout durant la guerre froide, les activités relevant de la protection de l'État ont toutefois été considérablement renforcées. Des groupes étrangers, de gauche ou d'extrême gauche – en tout près d'un million de personnes – ont été surveillés systématiquement, et le plus souvent à leur insu. À la fin de la guerre froide, lorsque l'ampleur des activités d'espionnage a été rendue publique et a été à l'origine de l'« affaire des fiches », la Confédération a été contrainte de réorganiser de fond en comble la protection de l'État, de la soumettre à une surveillance renforcée et de consolider la protection de la sphère privée des personnes surveillées.

Le système fiscal est le deuxième domaine où la protection de la sphère privée a été récemment limitée. En comparaison à d'autres États européens, le droit fiscal suisse s'est traditionnellement rangé du côté des contribuables. En effet, les impôts sur le revenu ne sont pas déduits du salaire à titre préventif, comme c'est le cas habituellement dans d'autres systèmes fiscaux, mais calculés ultérieurement sur la base d'une déclaration fiscale. Tout au long du XXe siècle, l'évasion fiscale a été un phénomène relativement répandu en Suisse, en raison notamment des sanctions minimes et de la protection garantie par le secret bancaire. Pour encourager les contribuables à déclarer par la suite des avoirs cachés, la Confédération a accordé à maintes reprises une amnistie fiscale. Cela permettait aux contribuables de dénoncer eux-mêmes la fortune non déclarée sans être sanctionnés. En 1945, suite à une telle amnistie, la fortune imposable a augmenté de 28 %, et en 1969, de 25 % : l'évasion fiscale était pratiquement devenue un sport national. Cela n'a changé qu'au cours des dernières décennies, sous l'effet de la pression internationale, autant en provenance de l'UE que de l'OCDE (Organisation de coopération et de développement économiques). Dans le cadre des accords bilatéraux avec l'UE et

Vers 1900, toute personne dont le comportement n'est pas conforme à celui attendu généralement par la société est vite soumise à des mesures disciplinaires de la part des autorités. Des jeunes gens sont pris en charge dans des maisons d'éducation, telles que ce « refuge pour jeunes filles déchues et repentantes ». L'éducation au travail est au cœur des mesures disciplinaires. La sphère privée des pensionnaires y est à peine respectée.

Jour du bain au « Magdalenenheim », Zurich, vers 1900 | Stiftung Hirslanden Sozialpädagogisches Zentrum für junge Frauen, Zurich

avec l'adoption des standards de l'OCDE, notamment en ce qui concerne l'échange automatique d'informations, la Suisse a fortement limité la possibilité, surtout pour les évadés fiscaux étrangers, de profiter de différentes failles du système. Dans les faits, la protection garantie par le secret bancaire a été supprimée. Durant les dernières décennies, il est donc devenu plus difficile d'invoquer la sphère privée pour échapper au fisc.

Le système éducatif représente le troisième domaine dans lequel les autorités étatiques transgressaient systématiquement la sphère privée ou toléraient ce genre de violations. Au XIXe et au XXe siècle, le placement extra-familial d'enfants, d'adolescents et d'adultes

Le petit magnétophone Nagra SN de la société suisse Kudelski, doté d’une parfaite qualité sonore, est utilisé par la police suisse. Jusque dans les années 1970, il est livré aux services secrets américains pour réaliser des enregistrements dissimulés.

Kudelski, enregistreur espion, magnétophone Nagra SN, 1973 | Musée national suisse dans des foyers ou institutions était souvent accompagné d'atteintes à l'intégrité des élèves et des pensionnaires. On peut citer notamment des rituels punitifs humiliants en public, comme la pratique répandue de faire présenter aux enfants faisant pipi au lit leurs draps souillés et de les leur faire laver devant tous les autres pensionnaires. Même dans les cas d'agressions et de violences sexuelles survenues dans nombre de foyers et d'institutions, la sphère privée des victimes était souvent bafouée, ce qui n'était pas sans conséquences traumatisantes pour les personnes touchées. Dans ce cas aussi, les organisations internationales ont requis une meilleure protection juridique pour les victimes et leur intégrité physique et psychique. L'adhésion de la Suisse à la Convention européenne des droits de l'homme en 1974 a par exemple entraîné, quelques années plus tard, la suppression des lois sur les placements administratifs. La Convention de l'ONU relative aux droits de l'enfant, adoptée en 1989, a également conduit à une plus forte reconnaissance des droits de l'enfant dans la théorie et la pratique.

Enfin, les innovations technologiques constituèrent un défi permanent pour la protection de la sphère privée. L'ancien secret postal a été appliqué, après l'introduction du télégraphe et du téléphone, également aux nouveaux moyens de communications. Depuis les années 1960, les nouvelles technologies de surveillance ont entraîné à plusieurs reprises des réponses politiques visant à garantir la protection de la sphère privée. À l'époque, les débats concernaient les systèmes d'écoute miniaturisés et les mini-caméras (« mini-espions »), plus tard la vidéosurveillance dans l'espace public, et aujourd'hui la protection de la vie privée et des données dans le domaine des médias sociaux. Avec la numérisation, la protection de la sphère privée a acquis une toute nouvelle dimension. Aujourd'hui, l'enjeu ne se limite pas seulement à l'opposition entre citoyen-nes et État, mais s'étend aussi au pouvoir des grandes sociétés technologiques internationales.

Tous les Suisses sont égaux devant la loi

Cst. 1848, art. 4

Le droit de cité accordé aux juifs pour la première fois

La révision de la Constitution de 1874 fit tomber les dernières réserves concernant l'obtention du droit de cité par les juifs en Suisse. Dès lors, tout résident juif pouvait demander sa naturalisation dans tous les cantons. Tous les citoyens de sexe masculin, quelle que fût leur religion, obtinrent le droit de vote et d'éligibilité et devaient bénéficier du même traitement, de la part des autorités administratives et judiciaires, que le reste de la population locale. La foi et l'origine ne jouaient plus aucun rôle pour l'obtention du droit de cité communal.

Les articles 49 et 50 de la Constitution fédérale de 1874 décrétaient en outre le libre exercice de toute religion. Pour la première fois, tous les citoyens étaient libres de s'organiser dans de nouvelles associations pour pratiquer leurs rites et leur culte. Les catégories « citoyen suisse » et « de confession juive » ou, plus couramment à l'époque, « israélite » étaient enfin réunies. Du moins dans le texte de la Constitution.

Les citoyens suisses avaient été très réticents à partager leurs droits de cité avec la population juive. D'autres États européens avaient mis en œuvre bien plus tôt l'idée d'« émanciper les juifs ». On pourrait supposer que le processus démocratique plus lent de reconnaissance des droits des juifs aurait produit un meilleur résultat, c'est-à-dire un lien tangible entre le texte constitutionnel et la vie quotidienne. Mais en réalité, il existait encore un fossé considérable entre les mots et leur signification. Dans quelle mesure les citoyens étaient-ils prêts à concilier des besoins différents ? Ou était-ce plutôt aux nouveaux citoyens de s'adapter ?

Depuis la fondation de la République helvétique en 1798, l'octroi aux juifs du droit de cité a fait l'objet d'un débat. L'idée universelle de l'égalité et le texte républicain de la Constitution suggéraient que

Physiologiste de renommée internationale, le médecin Gustav Gabriel Valentin (1810–1883) obtient en 1836 une chaire à l'Université de Berne. Jusque-là, étant juif, tout poste professoral dans une haute école allemande lui avait été refusé. Dès 1850, il obtient le droit de cité bien avant la reconnaissance de l'égalité des juifs adoptée au niveau fédéral en 1874.

Portrait de Gustav Gabriel Valentin, impression graphique sur papier | Mss.Mül.Gr.A.1290 | Bibliothèque de la bourgeoisie de Berne

l'origine, la foi ou le sexe ne devaient pas avoir d'influence sur les droits de l'individu. Contrairement à la France, la reconnaissance par le droit public de la population juive a échoué en Suisse au début du XIXe siècle. Plusieurs cantons interdisaient l'arrivée de personnes juives sur leur territoire et d'autres leur refusaient le droit d'y demeurer. Des expulsions basées uniquement sur l'appartenance religieuse étaient à l'ordre du jour. Les fils et les filles devaient partir à l'étranger pour fonder une famille. Les familles juives n'avaient pas le droit de s'organiser en association religieuse. Quasiment aucun canton n'autorisait la nomination d'un rabbin. Il y avait néanmoins des exceptions confirmant la règle : si le canton de Berne accorda dès 1850 le droit de cité à un académicien juif de l'université locale, la ville de Berne lui refusa le droit de cité communal. Dans la ville de Bâle, à l'époque, certaines familles aisées sur le plan économique obtinrent des autorisations spéciales pour s'installer durablement. En même temps, Bâle expulsa hors du pays des commerçants bien établis qui travaillaient depuis longtemps déjà dans la ville, certes sans autorisation formelle.

À la différence des pays voisins francophones et germanophones, les débats sur les droits des juifs sont restés en Suisse empreints de l'image d'« étrangers » et d'immigrés que l'on avait d'eux. Tantôt le terme « étranger » était utilisé dans un sens juridique, tantôt il

L'Empire allemand garantit l'intégralité des droits civiques aux juifs. En conséquence, eux aussi doivent effectuer le service militaire. Durant la guerre franco-allemande de 1870–1871, des religieux juifs organisent des messes pour les juifs. La scène représentée ne correspond pas à l'événement historique dans le camp près de Metz. Elle évoque bien davantage la valeur symbolique de l'appartenance nationale.

Tissu commémorant une messe militaire juive, près de Metz, 1870, coton | Jüdisches Museum Westfalen

הלא אב אחד לכלנו הלא אל אחד בראנו:
Haben wir nicht Alle einen Vater? Hat uns nicht Alle ein Gott geschaffen?
עבודת יום הכפורים תרל״א במחנה
אשר על פני מיץ:
Gottesdienst am Versöhnungstage im Lager vor Metz
1870.

servait à évaluer une différence culturelle ou un degré de parenté. Ces réserves s'étaient consolidées par l'utilisation rhétorique qui en était faite. On discutait rarement de la contribution que les juifs résidant en Suisse pouvaient apporter à la citoyenneté, même s'ils ne passaient pas complètement inaperçus et donc n'étaient pas considérés comme totalement « assimilés ».

L'histoire de l'émancipation de la population juive en Europe repose sur deux modèles. La France a suivi le modèle révolutionnaire, qui considérait que chaque homme obtenait tous les droits et devoirs civiques, sans aucune réserve, et devait découvrir des objectifs communs à partir de cette appartenance nationale. La Prusse, en revanche, a choisi le principe basé sur l'éducation. Un groupe minoritaire qui s'intégrait dans un groupe majoritaire obtenait en récompense un meilleur statut juridique. Dans le premier modèle, les droits fondamentaux de l'individu étaient davantage valorisés, tandis que dans le second, les structures sociales et juridiques du judaïsme étaient davantage prises en considération. Dans la réalité, ces deux approches se sont mêlées. Par exemple, le judaïsme français obtint dès l'époque napoléonienne une organisation religieuse qui administrait les salaires des rabbins et des enseignants. Du côté allemand, le grand-duché de Baden instaura en 1809 une structure religieuse d'État pour les « Israélites de Baden ». En ce qui concerne le service militaire en général, des citoyens juifs participèrent à la guerre franco-allemande de 1870–1871, combattant aux côtés des deux parties du conflit.

En Suisse, l'émancipation des juifs ne correspond à aucun des deux modèles, car des éléments essentiels à la reconnaissance de cette minorité faisaient défaut. La révision de la Constitution de 1874 avait à peine soutenu l'existence de la culture juive dans le pays. Quarante ans passèrent avant que ne soit fondée la première organisation juive du pays, la Fédération suisse des communautés israélites. La nécessité d'autres modifications fut par ailleurs peu évoquée. Par exemple, à quoi devrait ressembler le service militaire obligatoire d'un Suisse n'appartenant pas à une Église d'État traditionnelle de son canton ? Quel jour férié serait libre et quels ingrédients seraient utilisés pour la cuisine roulante ?

De 1852 à 1855, le portraitiste et paysagiste Elie Wolf a réalisé une série d'œuvres sur le thème de l'armée dans le nouvel État fédéral suisse. Dans la publication bilingue de la maison d'édition de son frère, Georg Wolf, ces feuilles ont marqué la représentation d'une unité fédérale par le biais de l'uniforme et du service militaire. Né et résidant à Bâle, Georg Wolf a été élu député au Grand Conseil après avoir obtenu le droit de cité en 1875.

Elie Wolf et Georg Wolf, sapeurs pour la construction de machines, Bâle, 1852–1855, lithographie sur vélin | Musée national suisse

SCHWEIZERISCHE ARMEE.

ARMÉE SUISSE.

SAPEUR.

N°6

Lith. G. Wolf in Basel.

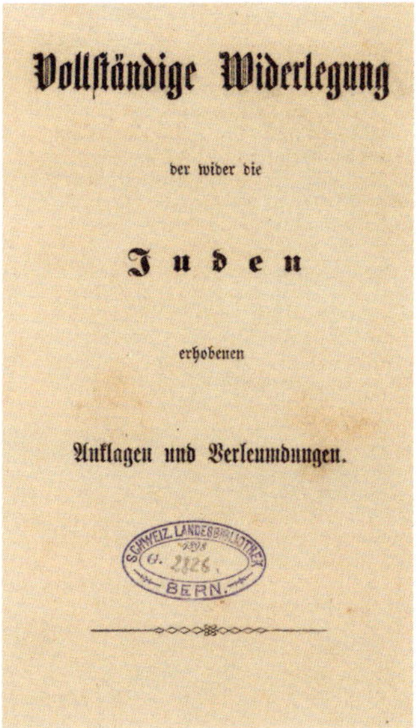

Vollständige Widerlegung

der wider die

Juden

erhobenen

Anklagen und Verleumdungen.

Moritz Kayserling, Réfutation totale des accusations et diffamations élevées contre les juifs, Baden, 1862

Bibliothèque nationale suisse

Le journal de Leipzig *Allgemeine Zeitung des Judentums*, l'organe le plus important en langue allemande de la bourgeoisie libérale juive au XIXe siècle, n'évoqua pas une seule fois au cours de l'année 1874 le thème de l'émancipation juridique des juifs en Suisse : de toute évidence, il n'y avait aucune raison de se réjouir. Les correspondants évoquaient plutôt les problèmes vécus au quotidien en Suisse par la population juive pratiquante. En particulier, la nouvelle lutte lancée par les associations de protection des animaux contre l'abattage rituel était source d'inquiétude. Que valait la liberté religieuse si des règles alimentaires pouvaient déjà être perçues comme un manquement à l'ordre moral ? Ce sujet avait déjà auparavant attisé le climat antisémite. Un document explicatif détaillé sur l'abattage rituel avait été rédigé par le rabbin Moritz Kayserling en 1867. Le rabbin d'Argovie avait demandé l'avis de représentants internationaux de médecine et médecine vétérinaire, qui avaient estimé que ce mode d'abattage était inoffensif. Dans son avant-propos, Kayserling invoquait les mythes de la liberté de la nation alpine pour défendre l'ouverture culturelle :

« La Suisse libre, patrie des chasseurs de chamois, où chaque année des centaines de chasses sont organisées au cours desquelles des milliers de chamois, de cerfs et de chevreuils sont tués, fut le premier pays à vouloir empêcher les juifs d'exercer leur devoir religieux sous prétexte que l'abattage rituel est une pratique cruelle envers les animaux. »

L'engagement de Moritz Kayserling ne fut pas suffisant. Les voix opposées à la préparation de la viande selon la tradition juive ne se laissèrent pas intimider par le principe constitutionnel de la liberté de religion et échafaudèrent la toute première initiative populaire fédérale en 1891. Celle-ci entraîna l'interdiction de l'abattage casher, en vigueur encore de nos jours. Le résultat de la votation montra clairement, à l'époque, qu'un grand travail de persuasion devait être réalisé pour que le principe constitutionnel de la liberté de religion soit accepté dans la vie de tous les jours.

Érudit, Moritz Kayserling (1829–1905) était un philologue et historien aux multiples facettes. De 1861 à 1870, il fut rabbin dans les deux communes argoviennes d'Endingen et de Lengnau. À l'époque des luttes pour le droit de cité juif en Suisse, il s'engagea au niveau politique et éditorial avec des articles, des discours et des documents pour le grand public.

Jolán Kayserling, Portrait de Moritz Kayserling, huile sur toile | Musée juif & archives hongrois

Toute personne

a droit

dans une procédure judiciaire ou administrative, à ce que sa cause soit

traitée équitablement

Cst. 1999, art. 29, al. 1

Le développement des garanties de procédure dans le droit constitutionnel fédéral

Outre les droits fondamentaux de l'individu, la Constitution actuelle en Suisse contient de nombreuses garanties de procédure dans le domaine judiciaire (articles 29 à 32). Avant 1999, la majorité de ces droits n'étaient pas expressément inscrits dans la Constitution. Mais cela ne veut pas dire qu'ils étaient pour autant ignorés par les tribunaux.

La Constitution fédérale de 1848 mentionnait peu de garanties de procédure et de droits fondamentaux. Par exemple, il était prévu que certaines affaires pénales – les délits politiques en particulier – devaient être jugées par le Tribunal fédéral, avec un jury. Abolies désormais, de telles cours d'assises étaient considérées comme la garantie d'une bonne administration de la justice, contrôlée par les citoyens, comme d'usage depuis longtemps en Angleterre ou depuis la Révolution en France. La Constitution garantissait également à tous l'accès aux tribunaux de leur domicile (article 53). Il s'agissait avant tout d'interdire les tribunaux extraordinaires. De tels tribunaux avaient été établis dans certains cantons après les troubles politiques des années 1840, comme en Valais en 1844. Après la défaite de la « Jeune Suisse » libérale à la bataille du Trient, les conservateurs victorieux avaient instauré un tribunal spécial, le Tribunal central. Ce tribunal avait jugé les délits politiques et réprimé l'opposition.

L'article 4 de la Constitution fédérale joua par la suite un rôle important concernant l'élaboration des garanties de procédure. À l'origine, celui-ci était censé assurer avant tout l'égalité politique en garantissant le respect des droits civiques accordés à l'origine à tous les citoyens (masculins).

La Constitution fédérale de 1874 allongea à peine la liste des droits de procédure. Elle fit cependant du Tribunal fédéral un établissement permanent chargé de se prononcer sur les atteintes aux droits constitutionnels des citoyens, tâche jusqu'à présent réservée au Conseil fédéral et à l'Assemblée fédérale.

À partir de 1877, le Tribunal fédéral reconnut notamment la possibilité d'obtenir justice comme un droit fondamental. Il indiqua ainsi que le refus des autorités de rendre justice aux citoyens violait le principe d'égalité de traitement. Les années suivantes, il dégagea de l'article 4 l'interdiction des décisions judiciaires arbitraires. En conséquence, les décisions qui s'apparentaient à un refus d'appli-

En Valais, à la suite des expéditions des Corps francs, les libéraux armés se soulèvent contre le gouvernement catholique et conservateur, ce qui aboutit à un massacre près du Trient le 25 mai 1844. Le procès des survivants est assuré par un tribunal d'exception. Ce type de procédure judiciaire menée par les autorités est interdit par la Constitution de 1848.

Martin Disteli (attribué à), La bataille du Trient, 1844, lithographie | Musée national suisse

quer la loi devaient être considérées comme une violation du droit constitutionnel. Ultérieurement, le Tribunal fédéral déduisit même du principe d'égalité de traitement qu'une partie sans ressources suffisantes avait droit à l'assistance juridique gratuite. L'accès à un tribunal ou l'obtention de certaines preuves ne devaient pas lui être refusés en raison de son incapacité à en assumer elle-même les frais.

Progressivement, le Tribunal fédéral reconnut aux parties – notamment dans une procédure civile ou pénale – le droit d'être entendues avant tout jugement. Ce droit d'être entendu supposait qu'une personne prévenue puisse consulter les documents de procédure,

TRIBUNAL FEDERAL

Le libéral allemand Ludwig Snell arrive en Suisse comme réfugié politique. Il porte le principe selon lequel une personne accusée reste innocente jusqu'à sa condamnation. La présomption d'innocence n'est pas inscrite dans la Constitution fédérale de 1848.

Carl Friedrich Irminger, Portrait de Ludwig Snell, Zurich | Musée national suisse

Le Tribunal fédéral corrige en partie les lacunes dans les jugements prononcés par les tribunaux cantonaux. Il uniformise ainsi les pratiques hétéroclites existant au niveau de la jurisprudence suisse. Jusqu'au XXIe siècle, il n'existe pas de procédure judiciaire unifiée en Suisse.

Bâtiment du Tribunal fédéral, album photos de Peter et Ruth Herzog, Lausanne, août 1912 | Musée national suisse

notamment ceux qui révélaient l'identité des témoins interrogés. La Haute Cour indiqua également qu'une personne prévenue ne pouvait pas être condamnée si elle n'avait pas été valablement convoquée aux débats pour pouvoir se défendre. De décision en décision, le Tribunal fédéral aménagea ainsi le droit d'être entendu, tel qu'il est désormais prévu dans la Constitution fédérale de 1999 pour toute procédure judiciaire ou administrative (article 29). Ce droit permet aujourd'hui à toutes les personnes impliquées dans une procédure judiciaire de s'exprimer avant un jugement, d'avoir accès au dossier, de présenter des preuves pertinentes ou d'obtenir une décision motivée.

La Constitution fédérale de 1999 contient – contrairement aux Constitutions de 1848/1874 – des dispositions qui encadrent l'action de l'État en matière pénale. C'est le cas de l'article 31 sur la privation de liberté et de l'article 32 sur la procédure pénale, lequel consacre notamment la présomption d'innocence. Ce principe fut introduit dans le droit constitutionnel moderne dès la fin du XVIIIe siècle, par exemple dans la Déclaration des Droits de l'Homme et du Citoyen de 1789 (article 9). En Suisse, Ludwig Snell, un libéral allemand installé à Zurich, s'inspira du droit de la Révolution française. Il introduisit la présomption d'innocence dans son projet de constitution publié en 1831. Quelques cantons, comme Berne ou Bâle-Ville, l'avaient entérinée dans leur Constitution au début des années 1830. Mais ce principe ne fut pas introduit dans les Constitutions fédérales de 1848 et 1874. Ce n'est qu'à la fin du XXe siècle que le Tribunal fédéral précisa que – en vertu du droit constitutionnel – le doute devait profiter à l'accusé, *in dubio pro reo*. À l'époque, ce principe était déjà présent dans la Convention européenne des droits de l'homme et dans le Pacte de l'ONU relatif aux droits civils et politiques auxquels la Suisse avait déjà adhéré en 1974, respectivement en 1992.

Ainsi, surtout depuis 1974, le Tribunal fédéral accorda les principes de la CEDH avec les garanties qu'il avait déduites de la Constitution fédérale. À partir de 1978, il apparut que les garanties de la CEDH concernant le droit à un procès équitable allaient au-delà de sa propre jurisprudence relative au droit d'être entendu devant un tribunal. Ainsi, la plus haute juridiction suisse reconnut pour la première fois qu'une personne prévenue doit avoir la possibilité, au moins une fois en cours de procédure, d'assister à l'audition de témoins qui l'incriminent et de leur poser des questions.

Au XXe siècle, la Cour européenne des droits de l'homme condamne principalement la Suisse pour défaut de procès équitable. Il en est ainsi dans le cas de Marlène Belilos, ici avec son avocat devant le Tribunal fédéral.

Marlène Belilos et Jean Lob devant le Tribunal fédéral à Lausanne, Actualités Suisses Lausanne, 27.4.1988 | Musée national suisse

Comme on le voit, les Constitutions fédérales de 1848 et 1874 n'accordaient aux individus que des garanties de procédure très modestes. Leur développement a résulté de la jurisprudence extensive du Tribunal fédéral. À partir des années 1970, le droit conventionnel a incité la plus haute juridiction suisse à développer ces droits. Finalement, ceux-ci furent en grande partie codifiés dans la Constitution fédérale de 1999.

Toute personne a droit à la

liberté d'expression

EMRK, art. 10, al.1

Les droits fondamentaux de la Constitution suisse :

LA LIBERTÉ DE LA PRESSE, LA LIBERTÉ D'OPINION ET LA LIBERTÉ DE L'ART

La liberté de la presse et le droit d'exprimer librement sa propre opinion figuraient parmi les principales revendications de l'époque des Lumières. La Déclaration française des Droits de l'Homme et du Citoyen de 1789 qualifie la libre communication des pensées et des opinions comme « un des droits les plus précieux de l'Homme ». Généralement imposée aux cantons, la Constitution de la République helvétique de 1798 s'inspirait de cet idéal et garantissait pour la première fois la liberté de la presse sur le territoire suisse. La censure stricte émanant des autorités perdura cependant sous diverses formes. Ce n'est qu'à partir des années 1830 que la liberté de la presse s'inséra progressivement dans les Constitutions libérales cantonales.

Nr. 44. den 3. November 1825.

Der aufrichtige und wohlerfahrne

Schweizer-Bote

Aarau, bei H. R. Sauerländer.

Hausmannskost für Staats- und Landwirthe, die schlecht wirthen, zumal im schweizerischen Hochland.

Vorkost zur Hausmannskost.

Es lebt ein Biedermann im Schweizerland, der liebt sein Vaterland von ganzem Herzen, und opfert zum Besten desselben viel von seiner Zeit, seinen Kräften, seinem Vermögen auf, ohne alle Vergeltung — denn wie könnte er sonst ein Biedermann sein? Der wohnt in Unterseen, Kantons Bern, heißt Karl Kasthofer, und ist ein Oberforster seines Kantons, und nebenbei noch etwas mehr als das, wie alle Edeln des Schweizerlandes gar wohl wissen.

Zensur-Lücke.

So ungefähr dachte der weise und gute Kasthofer. Und er machte sich abermals auf, und reisete durch das Hochland unserer Schweiz, und sah Alles und beschrieb es, und ließ seine Bemerkungen im Druck ausgehen*) für alle Welt.

*) Die beiden Büchlein heißen: Bemerkungen auf einer Al-

Contrairement aux autres droits fondamentaux, la liberté de la presse est déjà inscrite dans la Constitution fédérale de 1848 et abolit la censure. Aux yeux des « pères fondateurs » de conception libérale, il est important que les citoyens puissent se forger leur propre opinion vis-à-vis des événements politiques.

Zensur-Lücke (La faille de la censure), *Schweizer Bote*, n° 44, Aarau, 3.11.1825, p. 1 | Bayerische Staatsbibliothek München

Dans la Constitution fédérale de 1848, la liberté de la presse est inscrite comme un «droit fondamental de la première heure». Il s'agissait de protéger la presse, forum d'échanges démocratiques, et de limiter les mesures de censure au niveau cantonal. Les sanctions contre l'usage abusif de la liberté furent préservées. La liberté de la presse fut restreinte lors de la Première et de la Seconde Guerre mondiale. En outre, la surveillance par l'État des intellectuels et des artistes durant la guerre froide, ainsi que des mouvements politiques, tels que ceux de la jeunesse dans les années 1980, eut pour effet de restreindre la liberté d'opinion.

Que protégeait exactement la liberté de la presse dès le début ? Cette protection s'appliquait seulement aux documents imprimés mécaniquement, c'est-à-dire aux publications « au service de la communauté » ou aux doctrines. Les expressions d'opinions qui ne s'inscrivaient pas dans ces catégories n'étaient pas protégées. De manière générale, le Tribunal fédéral n'a reconnu qu'en 1961 la

Au cours de la seconde moitié du XXe siècle, le pouvoir des annonceurs sur les journalistes est de plus en plus critiqué. En outre, jusque dans les années 1980, l'État a un monopole sur la télévision et la radio, qui sera rompu entre autres par la pression exercée dans les rues.

Gertrud Vogler, Manifestation pour la liberté de la presse, Münsterhof Zurich, 8.8.1980 | F 5107-Na-10-043-021 | Archives sociales suisses, Zurich

Le tableau *La Nuit* de Ferdinand Hodler a été présenté en 1891 à l'occasion de l'inauguration d'une exposition urbaine à Genève. Par la suite, le conseil municipal de Genève fait retirer l'œuvre de l'exposition « pour raisons morales ». Pour un franc suisse, il est possible de voir le tableau ailleurs.

Ferdinand Hodler, Le Tableau La Nuit, Genève, 1891, papier sur carton | Ca 1121 | Bibliothèque de Genève

liberté d'expression comme un droit fondamental non écrit de la Constitution fédérale. Dans un arrêt prononcé peu de temps après, il a également placé le cinéma sous l'égide de la liberté d'expression. La liberté de la presse a ainsi été la « percée » d'un droit global à la liberté d'expression. Cet exemple illustre bien la vitalité de la Constitution fédérale suisse.

Le catalogue des droits fondamentaux continue aussi de se développer en Suisse grâce au dialogue entre la société civile, les tribunaux et la doctrine juridique et a pu généralement faire face aux modifications techniques et sociétales de manière adaptée. La liberté de l'art représente un bon exemple pour illustrer le développement des droits fondamentaux : ni la Constitution fédérale de 1848 ni celle de 1874 ne réglaient la protection de la liberté artistique. Mais dans leur jurisprudence, les tribunaux ont développé depuis le XIXe siècle leur propre rapport à l'art. Ils font preuve d'une volonté précoce de tenir compte de la position exceptionnelle de l'art dans la société, ainsi que de sa contribution à la diversité culturelle et au discours démocratique. Au XXe siècle, confronté à la censure cantonale rigide exercée sur les films, le Tribunal fédéral consolida cette jurisprudence, aboutissant ainsi à la reconnaissance de la liberté de l'art comme un droit fondamental autonome.

La jurisprudence de la Cour constitutionnelle fédérale allemande, qui fit suite à la politique artistique dévastatrice du national-socialisme, fut décisive pour que la liberté de l'art devienne un droit fondamental en Suisse. La protection des droits humains dans les différentes conventions internationales et la jurisprudence de la Cour européenne des droits de l'homme furent également d'une grande importance. La décision de la Cour européenne des droits de l'homme dans l'affaire « Müller contre la Suisse » en 1988 constitue, à ce jour, le jugement déterminant pour la liberté artistique. Cette affaire concernait le triptyque de l'artiste Josef Müller exposé à Fribourg en 1981, *Drei Nächte – drei Bilder* (Trois nuits – trois tableaux) présentant ouvertement des actes sexuels. La décision de la Cour de Strasbourg confirma que le droit à la liberté d'opinion protégeait également l'expression artistique.

Dans les cantons, pour certains jusque dans les années 1970, le cinéma est soumis à des mesures de censure sévères. Sur la plainte d'une personne qui avait seulement lu une description du film, la diffusion de *Pink Flamingos* est interdite en 1974 dans les cinémas du canton de Zurich.

John Waters, Pink Flamingos, affiche du film, USA, 1972 | Keystone

La Constitution fédérale en vigueur garantit divers droits fondamentaux en matière de communication. La liberté d'opinion (article 16) exprime l'idée générale de la liberté de communication. Les droits fondamentaux spécifiques en matière de communication fixent la protection de domaines de vie particuliers tels que la liberté des médias (article 17), la liberté de la science (article 20) ou la liberté de l'art (article 21).

La liberté d'opinion est perçue comme le fondement de l'ordre constitutionnel démocratique. Elle défend la capacité de chacun de former sa propre opinion et de participer au débat public sur des questions politiques, sociales et culturelles. Ce droit fondamental donne ainsi la possibilité aux individus de concrétiser leur besoin d'interagir avec les autres, ce qui sert également à l'épanouissement de la personnalité. Les échanges d'idées et d'opinions en toute liberté dans l'espace public favorisent une société diversifiée et vivante. Cela suppose essentiellement que, dans une démocratie, même des opinions considérées comme fausses ou dérangeantes soient protégées. Cette idée est basée sur le postulat selon lequel les vérités absolues échappent à la cognition humaine, et que l'état des connaissances d'une société évolue en permanence. L'épanouissement des individus et la poursuite du développement des communautés politiques reposent sur un discours ouvert à des opinions différentes et sur la tolérance à la fois vis-à-vis des per-

Jean Pierre JACKSON présente une sélection NEW LINE International
Pink Flamingos
AN EXERCISE IN POOR TASTE
"Pink Flamingos" is the sickest movie ever made. And one of the funniest." —Interview
"The nearest American film to Bunuel's Andalusian Dog." —New York Magazine
Starring: DIVINE David Lochary Mary Vivian Pearce Mink Stole and introducing Danny Mills
Directed by John Waters in color from Saliva Films

Outre pour son illustration d'activités sexuelles explicites, on condamne cette image pour blasphème, car elle évoque la Descente de Croix de Jésus, représentée de manière immorale. Le gouvernement de Fribourg saisit en 1981 les trois tableaux de cette série réalisée par Josef Felix Müller. Pour les récupérer, l'artiste porte son cas devant la Cour de justice européenne. Peu de temps avant l'annonce du jugement, les tableaux sont rendus. La Suisse échappe ainsi de justesse à une condamnation.

Josef Felix Müller, première image du triptyque *Drei Nächte – drei Bilder* (Trois nuits – trois tableaux), 1981, dispersion sur coton | Josef Felix Müller

sonnes qui défendent un autre point de vue et de la critique publique. Les droits fondamentaux de la communication sont donc considérés comme « l'oxygène indispensable à la démocratie ».

La liberté d'opinion protège tout le processus de communication, de la production à la diffusion des opinions, jusqu'à leur réception. Toutes les formes d'expression sont protégées : les entretiens, les publications, l'art, les manifestations ou les actes symboliques. La protection de la liberté d'expression comprend aussi une interdiction de la censure. L'interdiction de la censure se fonde sur la méfiance envers toute opinion imposée par l'État ou toute autre autorité et s'appuie sur l'hypothèse que des allégations moins convaincantes sont relativisées dans le discours public. Dans un jugement, le Tribunal fédéral reconnut déjà en 1893 le principe selon lequel, en faisant confiance à la capacité de discernement des citoyen-nes, autant les doctrines considérées comme justes que celles perçues comme fausses sont protégées par les droits fondamentaux. De même, le Tribunal fédéral assura précocement une protection particulièrement forte à la critique vis-à-vis de l'administration publique et lors de manifestations politiques. En principe, nul ne peut être empêché par l'État d'exprimer son opinion. Néanmoins, le droit n'est pas absolu. Des limites existent en cas d'atteinte grave à d'autres intérêts légaux tels que l'intégrité corporelle, la vie ou les droits de la personnalité de tiers. Par exemple, pour la préservation de la dignité humaine, la diffusion d'opinions racistes est interdite.

L'État n'est pas seulement tenu de garantir et de protéger la libre communication, il doit aussi, à l'aide de mesures concrètes telles que la promotion, l'éducation ou la législation, établir le cadre nécessaire à l'exercice réel de la liberté pour les individus. Cette obligation de garantie est d'une grande importance dans la pratique, comme le montre la promotion de l'art et des médias. La promotion des médias par l'État est l'assurance d'un paysage médiatique diversifié, une condition au bon fonctionnement d'une démocratie. Le soutien financier apporté aux arts permet la liberté du travail artistique, le développement de nouvelles idées indépendantes des goûts du marché de l'art qui peuvent être intégrées dans le débat public. Mais l'État ne doit pas exercer d'influence sur le contenu des arts ainsi promus. Institutionnalisée pendant la Seconde Guerre mondiale, la politique culturelle de la « défense spirituelle du pays » a sans doute eu à cet égard un impact plus important sur la liberté artistique qu'on ne l'a cru jusqu'à présent. Cet aspect est illustré par la surveillance d'artistes organisée par l'État, comme le montre la fiche de la police fédérale concernant Max Frisch. C'est à partir des années 1970 que la démocratisation de la politique culturelle contribua à la valorisation de la liberté artistique, également dans la promotion de l'art. Toutefois, jusqu'à présent, des tendances à une régulation excessive sont parfois restées présentes dans la politique artistique. L'affaire Hirschhorn en représente un exemple éminent, lorsque l'Assemblée fédérale réduisit le budget de Pro Helvetia d'un million de francs suisses prévu pour l'exposition de l'artiste Thomas Hirschhorn.

Actuellement, la protection de la liberté d'expression est particulièrement contraignante sur le réseau Internet. La garantir s'avère être une tâche complexe, car les opinions s'expriment généralement sur de puissantes plateformes privées telles que Facebook ou Twitter, dont les propriétaires ne sont pas liés aux droits fondamentaux. Il est de la responsabilité des États d'adopter des mesures de protection appropriées. En même temps, les propriétaires de médias sociaux sont tenus de tolérer des opinions provocantes ou choquantes sur leurs plateformes et de ne prendre des mesures que dans des cas exceptionnels, notamment face à l'incitation à la haine et à la violence.

La Confédération et les cantons respectent le droit international

Cst. 1999, art. 5, al. 4

L'européanisation de la Constitution fédérale suisse

Le terme « européanisation » fait automatiquement penser à l'Union européenne (UE). Or l'Europe s'est, au-delà de l'UE, institutionnalisée en de nombreuses autres organisations internationales, comme par exemple le Conseil de l'Europe avec ses 46 États membres, dont la Suisse fait également partie. Cette adhésion de la Suisse a, au cours des quelque 60 dernières années, laissé des traces évidentes, surtout dans la Constitution fédérale.

Un champ de tension constitutionnel

Dès son préambule, la Constitution fédérale actuellement en vigueur déclare que la Suisse est consciente de son rôle de partenaire responsable dans un monde interconnecté. La Confédération devrait renouveler son alliance « pour renforcer la liberté, la démocratie, l'indépendance et la paix dans un esprit de solidarité et d'ouverture au monde ». Cette déclaration de solidarité de la Suisse ne va cependant pas jusqu'à fixer constitutionnellement une primauté claire du droit international. Dans l'article 5, la Confédération et les cantons sont simplement tenus de respecter le droit international. Le droit international ne limite pas en règle générale le droit d'initiative. L'Assemblée fédérale ne doit prononcer la nullité totale d'une initiative populaire que lorsque celle-ci transgresse des règles obligatoires du droit international. Une contradiction avec la Convention européenne des droits de l'homme (CEDH) ne suffit généralement pas pour un rejet. De ce fait, diverses initiatives populaires comme celles sur l'internement en 2004, sur l'interdiction des minarets en 2009 ou celle sur le renvoi des étrangers criminels de 2010, considérées comme critiques du point de vue de la CEDH, ont été intégrées dans la Constitution fédérale. Cette zone de tension entre les droits issus du régime de démocratie directe et les normes européennes, voire internationales, de défense des droits humains n'a pas été effacée lors de l'entrée en vigueur de la nouvelle Constitution fédérale de 1999. Cela reste l'un des principaux problèmes de la Suisse au niveau constitutionnel.

Le Conseil fédéral prépare la signature de la Convention européenne des droits de l'homme sous réserve du suffrage féminin. Les protestations de nombreuses associations de femmes accélèrent en revanche un deuxième projet soumis à votation. Pour la consultation populaire dans le canton de Zurich, le comité d'initiative compte sur des partisans masculins comme l'ancien président de la ville Emil Landolt. La campagne est menée par l'icône de la publicité, Doris Gisler Truog (debout sur la photo).

Comet Photo AG, Campagne en faveur du droit de vote des femmes, Zurich, novembre 1970 | Como L19-0681-0005-0001 | ETH-Bibliothek, Zürich, Archives photographiques

Normes européennes de défense des droits humains

Dernier État d'Europe occidentale à adhérer au Conseil de l'Europe en 1963, la Suisse a ratifié la CEDH en 1974. Il s'agissait du premier pas vers l'européanisation des droits fondamentaux suisses. À la veille de cette ratification, la Suisse a dû introduire le suffrage féminin et, avec la reconnaissance de la CEDH, elle s'est soumise à la juridiction de la Cour européenne des droits de l'homme (CrEDH). À la fin des années 1960, on était certes assez sûr que la Suisse ne connaîtrait jamais de condamnation étant donné que ses droits fondamentaux répondaient aux exigences minimales, mais l'avenir allait lui montrer le contraire. Dans les années qui ont suivi, Strasbourg a émis plusieurs arrêts réprimandant la Suisse.

Souvent, ces arrêts concernaient les droits de procédure. À l'époque, il y avait encore en Suisse une multitude de règles procédurales. Chaque canton avait donc son propre code de procédure pénale et civile. Ceux-ci ne respectaient pas intégralement les normes européennes. Par exemple, en procédure pénale, l'autorité soutenant l'accusation et celle chargée de statuer n'étaient pas toujours deux entités séparées, le procureur statuait souvent lui-même sur le dossier. En outre, la CrEDH est également intervenue parce que la Suisse faisait payer les frais de procédure aux accusés qui avaient été acquittés.

La maxime « ce n'est pas suffisant pour une condamnation, mais il faut bien vous mettre un peu à l'amende ... » n'était pas conciliable avec le principe de la présomption d'innocence. Par ailleurs, l'assistance judiciaire en Suisse était encore restreinte pour diverses procédures de moindre importance. Certaines amendes ne pouvaient être contestées devant aucun tribunal, ce qui n'était pas en conformité avec la CEDH.

Dans les années 1980 et 1990, la CrEDH a produit une riche jurisprudence entraînant le développement et le perfectionnement des droits fondamentaux suisses. En comparaison, le texte de l'ancienne Constitution fédérale de 1848/1874 restait largement dépassé. Il n'est donc pas étonnant que le catalogue des droits fondamentaux de la nouvelle Constitution fédérale de 1999 ait été grandement étoffé et se soit orienté sur le texte de la CEDH et la jurisprudence de la CrEDH. L'assistance judiciaire fut considérablement améliorée. En outre, trois nouvelles dispositions furent ajoutées aux droits de procédure : une garantie générale de procédure (article 29), une garantie de procédure judiciaire devant les tribunaux (article 30) et une disposition sur les garanties assurées en cas de mise en détention (article 31). Cette dernière est particulièrement importante et s'appuie sur la jurisprudence de la CrEDH pour des questions telles que : Dans quels cas une mise en détention préventive peut-elle être décrétée ? Quelle peut être sa durée ? Quand et comment dois-je être informé-e des délits qui me sont reprochés ? Comment puis-je informer ma défense ?

Après la Seconde Guerre mondiale, dix États occidentaux fondent le Conseil de l'Europe. Celui-ci élabore la Convention européenne des droits de l'homme. En novembre 1950, les États membres du Conseil de l'Europe, alors élargi au nombre de quatorze, signent la Convention européenne des droits de l'homme. La Suisse la ratifie en 1974.

Convention pour la protection des droits de l'homme et des libertés fondamentales, Rome, 1950, première double page avec les sceaux des pays signataires | Conseil de l'Europe, Strasbourg

Ill. p. 58/59 ▸

DONE at Rome this 4th day of November 1950 in English and French, both texts being equally authentic, in a single copy which shall remain deposited in the archives of the Council of Europe. The Secretary-General shall transmit certified copies to each of the signatories.

FAIT à Rome, le 4 novembre 1950, en français et en anglais, les deux textes faisant également foi, en un seul exemplaire qui sera déposé dans les archives du Conseil de l'Europe. Le Secrétaire Général en communiquera des copies certifiées conformes à tous les signataires.

For the Government of the Kingdom of Belgium :

Pour le Gouvernement du Royaume de Belgique :

For the Government of the Kingdom of Denmark :

Pour le Gouvernement du Royaume de Danemark :

For the Government of the French Republic :

Pour le Gouvernement de la République française :

For the Government of the German Federal Republic :

Pour le Gouvernement de la République fédérale allemande :

For the Government of the Icelandic Republic :

Pour le Gouvernement de la République islandaise :

Pétur Benediktsson

For the Government of the Irish Republic :

Pour le Gouvernement de la République irlandaise :

Seán MacBride

For the Government of the Italian Republic :

Pour le Gouvernement de la République italienne :

Sforza

For the Government of the Grand Duchy of Luxembourg :

Pour le Gouvernement du Grand-Duché de Luxembourg :

J. Bech

For the Government of the Kingdom of the Netherlands :

Pour le Gouvernement du Royaume des Pays-Bas :

Stikker

For the Government of the Kingdom of Norway :

Pour le Gouvernement du Royaume de Norvège :

Halvard M. Lange

C'est auprès de ce Tribunal à Strasbourg que, depuis 1974, les Suisses et Suissesses peuvent faire valoir leurs droits, garantis par la CEDH. Depuis 1995, la Cour siège dans ce bâtiment conçu par l'architecte Richard Rogers et qui, vu d'en haut, a la forme d'une balance.

Christian Beutler, Cour européenne des droits de l'homme, Strasbourg, 24.10.2018 | Keystone

Avec la réforme de la justice en 2000, la position selon laquelle la fragmentation juridique liée aux 26 codes cantonaux de procédure pénale et civile coûtait beaucoup de temps et d'argent aux citoyennes visant une procédure judiciaire et rendant difficile l'application de leurs droits s'est imposée. En conséquence, la Confédération a obtenu la compétence pour l'uniformisation des règles de procédure dont la jurisprudence de la CrEDH avait préparé la voie. Aujourd'hui, la Suisse dispose d'un code de procédure pénale et civile fédéral dans lequel sont inscrits des droits aussi fondamentaux que l'interdiction d'utiliser des preuves obtenues de manière illégale et le droit à une défense d'office.

Le silence sur l'UE

Après son refus d'adhérer à l'espace économique européen (EEE) en 1992, la Suisse a dû choisir une nouvelle orientation politique européenne. Il est étonnant qu'aucune clause relative à l'UE n'ait été introduite dans la Constitution fédérale de 1999. Ce silence reposait pourtant sur une décision bel et bien consciente. Au niveau politique, on n'a pu s'accorder sur un article d'avenir européen. Cette question capitale est donc restée sans réponse. Elle a laissé un vide qui n'a pas été sans répercussions jusqu'à l'époque actuelle. Aujourd'hui encore, les relations de la Suisse après l'échec de l'accord-cadre demeurent sans base solide avec l'UE.

Au début des années 1990, il apparaît de plus en plus que la Communauté économique européenne (CEE) souhaite renforcer sa collaboration. Tôt déjà, une opposition nationaliste se forme à son encontre en Suisse germanophone. De toutes ses forces, l'Helvétie se révolte contre une adhésion à la CEE, la future UE.

Raymond Burki, Le Divorce, 1.6.1990 | Fondation du Trait

Toute personne a
le droit de choisir
librement sa

religion

ainsi que de
se forger ses

convictions philosophiques

et de les
professer
individuel-
lement
ou en com-
munauté

BW 1999, art. 15, al. 2

La liberté de qui ?

LA CONTROVERSE AU SUJET DU VOILE MUSULMAN EN SUISSE

La Suisse se considère comme un État laïque qui garantit la liberté de religion au niveau constitutionnel. La liberté de religion repose sur la neutralité de l'État. Aussi, la séparation des sphères privée et publique constitue la base sociétale des droits fondamentaux garantis par la Constitution. Comme Mader et Schinzel l'écrivent, les droits fondamentaux engagent à leur tour l'État à « ne restreindre les capacités individuelles au libre épanouissement que dans la mesure où cela est opportun, nécessaire et personnellement acceptable dans l'intérêt supérieur de la société, c'est-à-dire dans l'intérêt ‹public›. » En retour, l'État doit veiller à circonscrire les pratiques douteuses discriminatoires ou portant atteinte aux droits d'autrui et exercées sous prétexte de la liberté de religion.

D'un point de vue juridique, la religion est « l'expression d'une perception individuelle du divin et du caractère transcendant » et constitue ainsi, en premier lieu, une affaire absolument privée. Comme diverses interactions se tissent entre les sphères privée et publique, il est difficile d'établir une limite claire entre les deux. Si une confession religieuse ou l'appartenance à une communauté religieuse est rendue visible, la religion devient perceptible aux yeux d'autrui et par conséquent une affaire publique. La liberté d'interprétation ainsi constituée s'applique aussi aux contestations juridiques influencées par les développements ou les discours historiques et sociétaux.

Depuis les années 1970, la Suisse a évolué d'un pays majoritairement chrétien à un pays marqué par la pluralité religieuse. Tandis que le nombre de fidèles de l'Église nationale baisse, celui des personnes non religieuses, des membres d'Églises libres et des communautés religieuses non chrétiennes augmente constamment. Les communautés musulmanes ont connu la plus forte augmentation, de 0,3 % en 1970 à 5,4 % en 2020. Après la chute du Mur de Berlin, un nouvel ordre bipolaire mondial s'est peu à peu imposé dans le débat public. Déclarés comme une menace internationale, l'« islamisme » et par-

Évolution du paysage religieux en Suisse
Population résidante permanente âgée de 15 ans ou plus

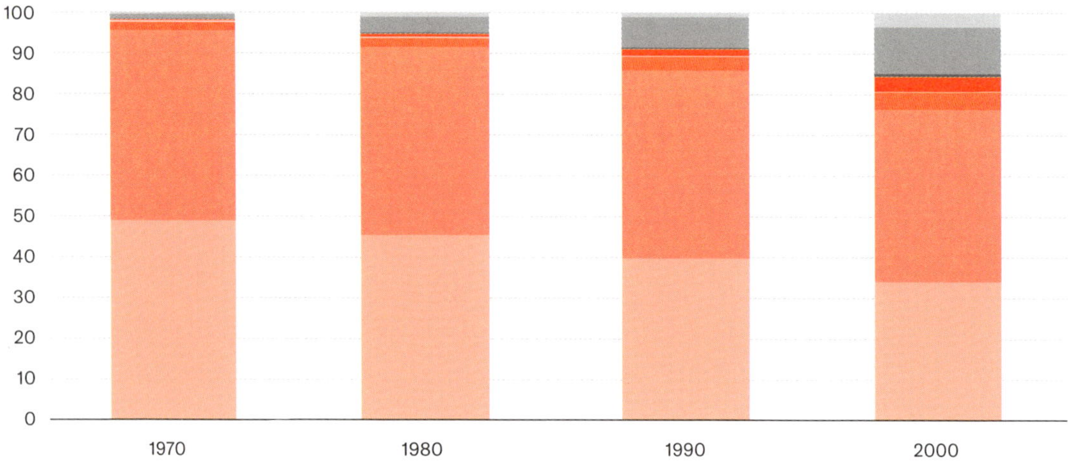

fois généralement l'« islam » ont pris la place du « bloc de l'Est communiste ». Cette perception s'est intensifiée suite aux attentats du 11 septembre 2001 contre le World Trade Center à New York.

Comme illustré par l'exemple suivant, cette évolution a marqué aussi dans certains cas la liberté religieuse individuelle. En 1997, le Tribunal fédéral a interdit à une enseignante musulmane du canton de Genève de porter le voile pendant les cours, considérant que le port du voile influencerait les enfants d'une manière qui serait incompatible avec la neutralité confessionnelle de l'école. L'interdiction serait dirigée « non pas contre les convictions religieuses de la plaignante, mais elle vise la protection des droits et des libertés d'autrui ainsi que de l'ordre public et de la sécurité », comme le précise l'Office fédéral de la justice dans son communiqué de presse du 27 février 2001. Le jugement que le Tribunal a porté comportait des considérations sur l'égalité des droits : « Force est de constater que le port du voile est à peine compatible avec le principe de l'égalité des sexes [...]. Il s'agit cependant d'une valeur fondamentale de notre société stipulée dans une disposition de la Constitution [...] dont l'école doit tenir compte. »

L'enseignante a porté son cas auprès de la Cour européenne des droits de l'Homme (CrEDH). Celle-ci a toutefois appuyé l'arrêt du Tribunal fédéral. La neutralité confessionnelle de l'école doit être

Jusque dans les années 1970, la population suisse est presque exclusivement catholique ou protestante. Depuis, les modes de vie modernes et le fondamentalisme chrétien entraînent les nombreux retraits des Églises chrétiennes. En raison de l'immigration durant la guerre des Balkans, la communauté religieuse musulmane devient jusqu'en 2000 la plus importante minorité religieuse en Suisse.

Évolution du paysage religieux en Suisse de 1970 à 2000 | Office fédéral de la statistique

défendue dans tous les cas. L'argumentation sur laquelle reposent les décisions de justice présentées ici renvoie cependant à des suppositions et des conceptions de normes tacites. Les questions suivantes notamment se posent : dans quelle mesure le port d'un voile menace-t-il « les droits et les libertés d'autrui » ainsi que « l'ordre public et la sécurité » ? Pourquoi le fait d'interdire le voile plutôt que de le permettre contribue-t-il davantage à l'éducation de la tolérance et au respect mutuel ? Et dans quelle mesure peut-on dire de manière générale que le voile est un symbole de soumission de la femme ?

Au cours des dernières décennies, le thème de la religion a pris de plus en plus d'ampleur dans l'espace public politique et médiatique en Suisse et en Europe. Cette couverture médiatique est fortement influencée par des jugements de valeur. Tandis que les représentant-es du christianisme et du judaïsme sont jugé-es de manière parfois négative ou positive, le bouddhisme est considéré généralement comme paisible, non violent, ouvert, tolérant et non dogmatique. Par contre, dans le cas de l'islam, les appréciations sont majoritairement négatives. Il est généralement associé aux conflits,

Kopftuch ablegen

Tragen starker religiöser Symbole im Unterricht verboten

L a u s a n n e. — **(AP) Eine Genfer Lehrerin darf nicht mit einem Kopftuch unterrichten. Gemäss einem am Mittwoch veröffentlichten Bundesgerichtsurteil verletzten die Genfer Behörden die Glaubens- und Gewissensfreiheit einer zum Islam übergetretenen Lehrerin nicht, als sie dieser untersagten, mit Kopftuch zu unterrichten.**
Für das Bundesgericht geht der verfassungsmässige Anspruch der Öffentlichkeit auf Religionsneutralität in den Schulzimmern über den Anspruch der Lehrerin auf Religionsfreiheit. Die Lehrerin hatte 1991 einen algerischen Staatsangehörigen geheiratet und war zum islamischen Glauben übergetreten. Seither unterrichtete die Primarlehrerin ihre Schüler mit einem Kopftuch und langen Kleidern, so dass die Schüler nur das Gesicht und die Hände ihrer Lehrerin sehen konnten. Aufgrund einer Meldung der Schulinspektorin untersagten die Genfer Behörden der Lehrerin einige Jahre später, weiterhin mit Kopftuch zu unterrichten. Im Oktober letzten Jahres erliess der Grosse Rat beziehungsweise der Staatsrat des Kantons Genf gar eine Resolution, worin die Genfer Behörden aufgefordert wurden, das Prinizip der Trennung von Kirche und Staat in den Genfer Schulen durchzusetzen.

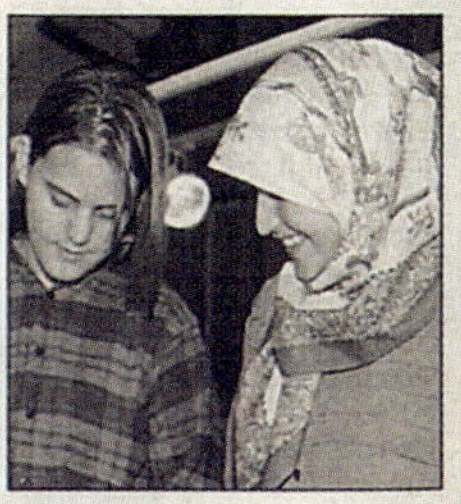

Lehrerin muss ohne Kopftuch unterrichten.

Die Lehrerin wehrte sich gegen das Kopftuchtragverbot beim Bundesgericht. Ihrer Auffassung nach verletzt dieses Verbot ihre Glaubens- und Gewissensfreiheit sowie ihre Religionsfreiheit und verstösst deshalb gegen die Verfassung und die Europäische Menschenrechtskonvention. In seinem Entscheid erinnert das Bundesgericht daran, dass die Religionsfreiheit eingeschränkt werden kann, sofern nicht deren Kerngehalt getroffen wird. Voraussetzung ist jedoch, dass eine gesetzliche Grundlage vorliegt, die Einschränkung im öffentlichen Interesse liegt und verhältnismässig ist. Alle drei Voraussetzungen erachtet das Bundesgericht in seinem Entscheid als gegeben.

L'article réagit à une décision du Tribunal fédéral. Il s'agit de l'interdiction du port du voile à une enseignante de religion musulmane durant les heures de cours à Genève en 1997. Le Tribunal invoque à cet égard l'article constitutionnel sur la neutralité de l'école obligatoire. La plaignante doit en conséquence soit accepter une restriction de sa liberté religieuse soit renoncer à l'exercice de sa profession.

Kopftuch ablegen (Poser le foulard), *Walliser Bote*, n° 268, Brigue, 20.11.1997, p. 3 | © Pomona Media AG, Associated Press à l'extrémisme, à la violence, à la régression et au terrorisme ou même à la répression des droits des femmes. Ce « combat des cultures » médiatique aime réduire le voile à un symbole de valeurs incompatibles. La pratique vestimentaire de l'islam est souvent considérée comme le contraire de ce que souhaite devenir notre société, c'est-à-dire libre, égalitaire, sûre et juste.

Depuis le début du XXIe siècle, dans toute l'Europe, la portée sociale de la religion est reconsidérée par le biais de « controverses sur le port du voile ». Or, il s'agit toujours aussi des conditions de cohabitation dans les sociétés pluralistes. En quête d'identité, ce sont justement les jeunes musulmanes de la deuxième et de la troisième génération d'immigré-es qui portent le voile avec une nouvelle perception d'elles-mêmes. Elles se considèrent comme étant religieuses, éclairées et modernes en même temps. Elles aspirent à l'autonomie et à la réussite professionnelle et se démarquent autant des attentes et des valeurs perçues comme conservatrices et restrictives de la génération de leurs parents que des attributions marginalisantes de la société d'accueil. Elles portent le voile avec assurance, non seulement comme expression de leur relation à Dieu, mais aussi de leur droit à la participation sociale et aux décisions.

En Suisse, le foulard a longtemps été un accessoire de l'habit traditionnel. À la campagne, les femmes le portaient en travaillant pour protéger leur coiffure de la poussière et de la saleté. Dans les années 1950, le foulard devient un accessoire de mode. Les stars comme Grace Kelly, qui le mettent en scène dans leur cabriolet ouvert, en font un accessoire glamour.

Donald Brun, Arosa, Canton des Grisons, Suisse, Verkehrsverein Arosa, Bâle, 1957, affiche | Museum für Gestaltung Zürich, Plakatsammlung, ZHdK © Roland Kupper, Bâle

En tant que signe visible de la religiosité islamique, le foulard des musulmanes devient objet de litige à la fin des années 1990. La pluralité religieuse devient un sujet politique aussi en Suisse. Une xénophobie se forme contre l'immigration religieuse islamique.

Hijab orné d'un motif floral et de strass argentés, Suisse, 1990 – 2005, tissu, textile | Musée national suisse

Donald Brun
AROSA
GRAUBÜNDEN, SCHWEIZ 1800 m GRISONS, SUISSE, SWITZERLAND 6000 ft.
Printed in Switzerland – Eidenbenz-Seitz & Co. St.Gallen

La Confédération règle

l’acquisition

et la **perte** de la nationalité
et des droits de
cité par filiation,
par mariage
ou par adoption

Cst. 1999, art. 38, al. 1

Contre les décisions de naturalisation arbitraires :

LA CONSTITUTION FÉDÉRALE À TITRE DE CORRECTIF

La nationalité suisse repose sur les droits de cité définis à trois niveaux : fédéral, cantonal et communal. Dans le cas de la naturalisation ordinaire, les communes endossent un rôle clé, ce qui peut accroître le risque de décisions arbitraires ou discriminatoires dans ce domaine. Les droits fondamentaux inscrits dans la Constitution fédérale représentent un correctif important.

Par un froid matin d'hiver en 1963, Vittoria Zanetti (nom modifié), candidate à la naturalisation âgée de 20 ans, s'est présentée à la commission du Conseil communal de Bâle. Vittoria est née et a grandi à Bâle. Son père est originaire d'Italie, sa mère de Bâle. La candidate à la naturalisation, de nationalité italienne comme son père, a complété sa formation scolaire à Bâle par un apprentissage d'assistante dentaire. Elle dispose de l'autorisation fédérale de naturalisation. Les deux premières enquêtes menées par le bureau d'état civil, les certificats de travail et les informations obtenues auprès de l'entourage n'ont révélé aucun élément défavorable.

Dans le vénérable hôtel de ville de Bâle, Vittoria Zanetti doit se soumettre aux questions de la commission représentée par onze dames et messieurs. Ses membres sont installés à une table, certains encore plongés dans leur conversation. Pendant un « assez long laps de temps », comme l'indiqueront les informations du recours d'avril et d'octobre 1964 contre le rejet de la demande établi par l'avocat de Zanetti et soumises au Conseil d'État de Bâle et au Tribunal fédéral, la candidate est restée dans l'incertitude, ignorant même si l'examen « officiel » avait déjà commencé. Soudainement, une conseillère communale a posé la première question : Vittoria Zanetti saurait-elle « expliquer la présence de femmes dans cette salle ? ». « Cela doit avoir un rapport avec le droit de vote des femmes », a vaguement répondu la candidate. En effet, les Bâloises avaient obtenu le droit de vote de la commune bourgeoise le 7 décembre 1958.

Dans le dossier, on peut lire qu'à la réponse de Vittoria, « la dame ayant posé la question [a été] irritée ». Aussi, « Madame la conseillère [semble ressentir] le besoin de manger des chocolats dans un sachet ouvert devant elle. » Un des conseillers a souhaité savoir comment « se rendre à Olten ou à Lucerne. » Vittoria a répondu spontanément : « En suivant les panneaux. » Et les mots se sont enchaînés. Le conseiller : « Vous déplacez-vous à cheval ? » Zanetti : « Non, en voiture. » Et le conseiller de reprendre en dialecte: « Quoi, vous avez aussi une voiture ? » Et la demande a été refusée. Conformément au paragraphe 2d de la loi sur la nationalité à l'époque en vigueur à Bâle, la raison officielle a été : « mode de vie manifestement répréhensible ».

Le cas de Vittoria Zanetti a été l'un des 20 cas entre 1950 et 1969 de candidats étrangers ayant de posé un recours contre le rejet de leur demande dans le canton de Bâle-Ville. Toutes et tous étaient des immigré-es de la première et deuxième génération, majoritairement d'Allemagne et d'Italie. Au bout de quinze années de résidence dans le canton, le droit à une procédure de naturalisation gratuite était accordé aux personnes de moins de 45 ans.

Le paragraphe 2d était un vestige datant de 1902. À l'époque, la Confédération et les cantons comme Bâle, Zurich et Genève voulaient faciliter la naturalisation. Face à l'augmentation de la population étrangère résidente, l'intégration citoyenne devait être encouragée. La tentative d'introduire un droit du sol au niveau fédéral échoua vers 1900. Le canton de Bâle-Ville développa avec la loi sur la nationalité du 19 juin 1902 le droit déjà existant de naturalisation gratuite et introduisit un droit de recours. Les critères d'exclusion comprenaient notamment, comme déjà dans la loi de 1879, le critère du « mode de vie manifestement répréhensible ». Le mode de vie d'une personne considéré donc comme « répréhensible » empêchait la naturalisation.

L'interprétation de ce paragraphe s'élargit davantage dès la fin de la Première Guerre mondiale. Le terme percutant de « surpopulation étrangère » s'était imposé dans la politique de naturalisation du canton de Bâle-Ville. Dans sa réponse au Tribunal fédéral du 24 novembre 1964 sur le cas Zanetti, le Conseil d'État a indiqué que

Dans les années 1960, le canton de Bâle-Ville rejette la demande d'une jeune Italienne désireuse d'obtenir la nationalité suisse. La candidate est certes « née à Bâle, elle y a aussi passé son enfance, y a été scolarisée et employée » ; il y a aussi « à Bâle ses parents, ses amis et des connaissances ». Mais cela est insuffisant aux yeux du Conseil d'État de Bâle en tant que « preuve stricte » de son «assimilation».

Archives de la commune, droit civil de la commune de Bâle C 1,6, Allg. und Einzelnes, recours | Archives cantonales de Bâle-Ville

Departement des Innern
No. 3951/6769
27 NOV. 1964

Der Vorsteher:

DER REGIERUNGSRAT

DES KANTONS BASEL-STADT

Akten Nr. 143.2
Protokoll

Departement des Innern
Der Departementssekretär:
26. Nov. 1964

An das

Schweizerische Bundesgericht,
Staatsrechtliche Kammer,

L a u s a n n e

Regierungsratsbeschluss
vom 24. November 1964.

Hochgeachteter Herr Präsident,
Hochgeachtete Herren Bundesrichter.

Wir beehren uns, Ihnen auf die staatsrechtliche Beschwerde des [redacted], italienischen Staatsangehörigen, vertreten durch Dr. [redacted], Advokat, gegen den Regierungsratsbeschluss vom 15. September 1964 betreffend Abweisung ihres Bürgerrechtsgesuches nachstehende Vernehmlassung einzureichen mit dem Rechtsbegehren:

> Es sei die Beschwerde des [redacted] unter a/o Kostenfolge abzuweisen.

Zur Begründung machen wir Folgendes geltend:

I.

In erster Linie sei auf den eingehend motivierten Entscheid des Regierungsrates vom 15. September 1964 (Beilage 1) hingewiesen, an dem in allen Teilen festgehalten wird.

Die 16-seitige Beschwerdeschrift enthält keine wesentlichen neuen Momente, die uns zu einer andern Stellungnahme veranlassen könnten. Wiederum wie in der Rekursschrift an den Re-

l'obstacle à la naturalisation, « le mode de vie manifestement répréhensible », était considéré traditionnellement comme une clause générale. La commune a ainsi argumenté dans sa lettre au Tribunal fédéral du 16 novembre 1964 : le « motif de refus » du « mode de vie manifestement répréhensible » est «interprété de manière très large, selon une pratique datant de plusieurs décennies ». Tous les candidats et toutes les candidates qui « sont refusé-es en raison de leur orientation politique, de traits de caractère déplaisants ou d'un manque d'assimilation » sont associé-es à ce motif. La vérification de la demande de Vittoria Zanetti a abouti au jugement suivant : celle-ci serait « immature, avec différents défauts de caractère et surtout insuffisamment liée à son pays d'adoption ».

■ ■ **En 1963, dans l'imposante salle, cette étrangère de deuxième génération de Bâle doit se soumettre aux questions de la commission. Sa demande de naturalisation est rejetée. Ultérieurement, la commune de Bâle justifiera son refus par l'argument selon lequel la candidate à la naturalisation « est surtout insuffisamment liée à sa patrie d'adoption ».**

Salle du conseil communal de l'Hôtel de ville de Bâle | AL 45, 4-33-5 | Archives cantonales de Bâle-Ville

■ ■ **Elisabeth Vischer-Alioth tient un discours le 5 décembre 1961 en tant que doyenne du conseil communal suivant (Bürgerrat, aujourd'hui Bürgergemeinderat) dans la salle des conférences du Gemeindeparlament. Trois ans auparavant, les Bâloises obtenaient le droit de vote dans la commune bourgeoise.**

Hans Bertolf, *Erstmals Frauen im Bürgerrat* (Des femmes pour la première fois au conseil communal), National-Zeitung, Bâle, 6.12.1966 | BSL 1013 1-1746 5 | Archives cantonales de Bâle-Ville

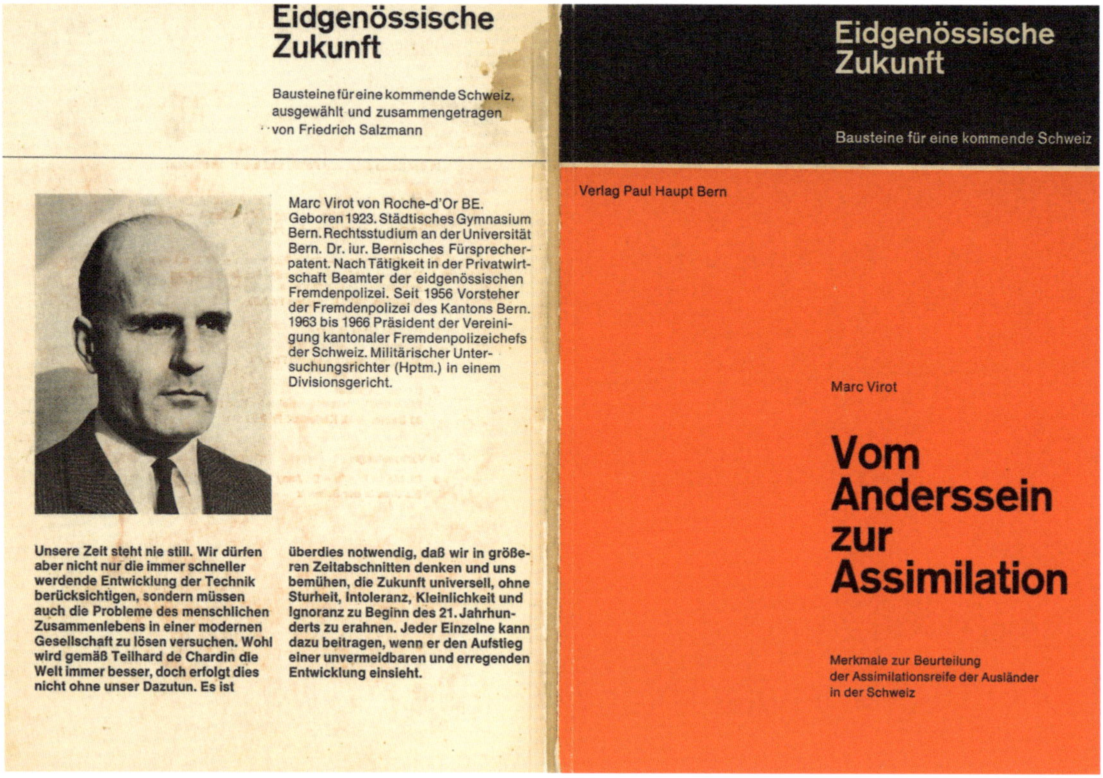

Eidgenössische
Zukunft

Bausteine für eine kommende Schweiz,
ausgewählt und zusammengetragen
von Friedrich Salzmann

Marc Virot von Roche-d'Or BE. Geboren 1923. Städtisches Gymnasium Bern. Rechtsstudium an der Universität Bern. Dr. iur. Bernisches Fürsprecherpatent. Nach Tätigkeit in der Privatwirtschaft Beamter der eidgenössischen Fremdenpolizei. Seit 1956 Vorsteher der Fremdenpolizei des Kantons Bern. 1963 bis 1966 Präsident der Vereinigung kantonaler Fremdenpolizeichefs der Schweiz. Militärischer Untersuchungsrichter (Hptm.) in einem Divisionsgericht.

Unsere Zeit steht nie still. Wir dürfen aber nicht nur die immer schneller werdende Entwicklung der Technik berücksichtigen, sondern müssen auch die Probleme des menschlichen Zusammenlebens in einer modernen Gesellschaft zu lösen versuchen. Wohl wird gemäß Teilhard de Chardin die Welt immer besser, doch erfolgt dies nicht ohne unser Dazutun. Es ist überdies notwendig, daß wir in größeren Zeitabschnitten denken und uns bemühen, die Zukunft universell, ohne Sturheit, Intoleranz, Kleinlichkeit und Ignoranz zu Beginn des 21. Jahrhunderts zu erahnen. Jeder Einzelne kann dazu beitragen, wenn er den Aufstieg einer unvermeidbaren und erregenden Entwicklung einsieht.

Eidgenössische
Zukunft

Bausteine für eine kommende Schweiz

Verlag Paul Haupt Bern

Marc Virot

Vom Anderssein zur Assimilation

Merkmale zur Beurteilung
der Assimilationsreife der Ausländer
in der Schweiz

Dans son guide pour la nationalisation datant de 1968, Marc Virot, chef de la police des étrangers à Berne, a défini les vertus souhaitées pour celles et ceux désirant obtenir la nationalisation: « Ponctualité, exactitude, rigueur, ordre, perfection, franchise, propreté, calme, méticulosité, culture, discipline, citoyenneté, solidarité, sens des responsabilités, paix sociale. »

Marc Virot, *Vom Anderssein zur Assimilation. Merkmale zur Beurteilung der Assimilationsreife der Ausländer in der Schweiz*, Haupt Verlag, Berne, 1968, couverture de livre, citation p. 88 | Regula Argast

Le Tribunal fédéral n'a pas accepté cette argumentation et a accueilli la plainte de Zanetti le 23 décembre 1964. Les juges fédéraux en ont déduit, en se référant à l'article 4 de la Constitution fédérale en vigueur à l'époque, à savoir « Tous les Suisses sont égaux devant la loi », une interdiction arbitraire : « une réponse peut-être insolente à une question assez maladroite et imprécise ainsi qu'un manque de connaissances sur nos institutions et conditions de vie» ne sauraient « en aucun cas être qualifiés de ‹mode de vie manifestement répréhensible› ». En outre, les juges supérieurs ont critiqué l'interprétation de la loi sur la nationalité de Bâle comme étant indéfendable. Elle ne saurait être justifiée par le fait qu'elle serait pratiquée depuis des décennies. Vittoria Zanetti a ainsi obtenu le droit de cité de Bâle.

La même année, le législateur bâlois a révisé la loi sur la nationalité. Le passage « mode de vie manifestement répréhensible » a été supprimé. La nouvelle loi du 19 mars 1964 a cependant introduit, face au nouveau discours apparu dans toute la Suisse à l'époque à propos d'une surpopulation étrangère et surtout adressé contre les Italien-nes du Sud, un encouragement à l'assimilation. Dans les années 1960 et 1970, la politique de naturalisation restrictive dans toute la Suisse toucha son apogée.

Mais aussi dans les années 1990, lorsque le critère de l'assimilation a été progressivement remplacé par celui de l'intégration, des dérives sont survenues dans le domaine de la naturalisation suisse. Le cas le plus célèbre a été celui de la commune d'Emmen. Entre 1999 et 2003, les citoyen-nes d'Emmen ont refusé les demandes de personnes en provenance des États issus de l'ancienne Yougoslavie en raison de leur origine par un vote à bulletin secret. Mais ici aussi, le Tribunal fédéral a approuvé la plainte le 9 juillet 2003. Il s'est référé tout nouvellement à l'article 8 de la Constitution fédérale du 18 avril 1999, objet d'une révision totale. Les décisions de naturalisation par recours aux urnes sont depuis considérées comme irrecevables.

**La Confédé-
ration suisse
s'engage en
faveur de la**

conservation durable

**des
ressources
naturelles**

Cst. 1999, art. 2, al. 4

Un droit fondamental au froid pour la Suisse ?

Au moment où la Suisse a connu des températures record en août 2022, des randonneurs ont fait une découverte incroyable sur le glacier de Chessjen dans les Alpes : des ossements humains datant de plusieurs décennies. Mais ce n'est pas la seule chose que des alpinistes ont trouvée ces derniers temps dans les Alpes. En raison de la fonte du glacier, de nombreux objets font leur apparition, comme l'épave d'un avion écrasé en 1968, des chaussures, des restes humains et des objets archéologiques rares. En août 2018, le musée d'histoire du Valais a organisé une exposition intitulée « Mémoire de glace : vestiges en péril ». Certains objets exposés datent de l'époque aux alentours de 6000 av. notre ère et d'autres sont beaucoup plus récentes, d'environ un an. Dans une étrange proximité, des objets prémodernes habituellement présentés dans un musée d'histoire naturelle côtoyaient des objets contemporains plutôt exposés dans des musées modernes ou contemporains.

Après Ötzi, trouvé en 1991 dans le Tyrol du Sud, d'autres découvertes ont été faites dans les glaciers des Alpes suisses. En 2017, les dépouilles d'un couple d'alpinistes ont fait leur apparition sur un glacier. Après avoir d'abord éveillé la curiosité sur la vie de ces personnes, cette découverte soulève des années plus tard des questions sur le climat.

Dépouilles mortelles d'un couple disparu depuis 1962, Glacier de Tsanfleuron, 2017 | Glacier 3000, Gstaad

Leur dénominateur commun, ce qui a réuni ces objets dans une exposition, c'est le recul des glaciers. Une nouvelle discipline naît rapidement, l'« archéologie des glaciers ».

De 1931 à 2016, les glaciers suisses ont perdu la moitié de leur volume. D'après les résultats d'un modèle climatique actuel, les glaciers alpins pourraient fondre d'ici la fin du siècle, même dans le cas d'une réduction très rapide des émissions et d'une stabilisation immédiate des températures au niveau du siècle précédent. La couverture des glaciers à l'aide de bâches permet peut-être une utilisation prolongée des pistes de ski, mais accélère leur déclin. Les bâches deviennent ainsi des « linceuls » de plastique.

Ce retrait des glaciers a des répercussions diverses sur l'environnement, notamment en matière de disponibilité en eau, de biodiversité, et de dangers liés au paysage de fonte des glaces. En outre, les conséquences juridiques s'avèrent gigantesques. Cet été, nous avons été témoins de la modification de la frontière italo-suisse en raison de la fonte du glacier du Théodule. Les touristes et les randonneurs-ses hébergé-es au refuge « Guide del Cervino », à proximité du sommet de la Tête Grise haut de 3 480 mètres, se trouvent aujourd'hui, au sens propre comme au sens figuré, sur un terrain glissant, car la fonte des glaciers entraîne le déplacement du refuge de l'Italie vers la Suisse. Cela a été à l'origine de nombreuses querelles diplomatiques, dont l'issue n'est pas encore prévisible.

Le changement climatique modifie les lignes côtières et remet en question la supériorité territoriale, comme l'illustre l'exemple ci-dessus. Tant que la question reste ouverte, le refuge est dessiné avec des tirets au lieu de la bande rose continue pour les frontières nationales sur les cartes de « swisstopo ». Pour les droits fondamentaux de la population suisse, conformes à la Constitution, il faut une base, des fondations solides. Justement, ce fondement sur lequel ces exigences reposent, pourrait se décaler en raison de la réduction des glaciers. Les différends territoriaux ne sont peut-être que la partie visible de l'iceberg.

Les glaciers suisses fondent si rapidement que des images prises à des intervalles relativement brefs montrent bien leur recul. Le glacier Morteratsch ici présenté a disparu dans presque sa totalité d'ici le début des années 2020.

Glacier Morteratsch photographié le 10.7.1985, le 8.7.2007 et le 9.7.2021 | © Jürg Alean, Eglisau

■■ **Avant, le glacier du Théodule marquait la frontière entre la Suisse et l'Italie. Suite à son recul partiel, le tracé de la frontière n'est plus clair. Les cartes officielles de swisstopo en représentent la limite par une ligne en tirets. La frontière doit être à nouveau tracée.**

Refuge de la Tête Grise, Guide del Cervino | Office fédéral de topographie swisstopo, 2022

Le recul des glaciers et les modifications qui en résultent pour les Alpes peuvent certes représenter aux yeux de certains une nouvelle définition de la « suissitude », mais cela ne doit pas servir seulement à l'élaboration de programmes environnementaux étriqués, réduits aux frontières nationales. En effet, il est temps de réfléchir à un droit fondamental tourné vers l'avenir dans un cadre cosmopolite et de portée globale.

Entre-temps, il existe un vaste consensus sur le fait que le changement climatique aura des répercussions directes et indirectes sur nombre de droits humains reconnus au niveau international, notamment le droit à la santé, au logement, à l'eau et à la nourriture. Les populations les plus menacées par les effets négatifs du changement climatique vivent sur de petites îles, sur des rives et dans des zones côtières à basse altitude, dans des zones arides et aux pôles. Cela soulève également la question en Suisse sur la façon dont nous pourrions inventer un futur droit fondamental de portée mondiale. Il convient de repenser les droits fondamentaux à deux niveaux : temporel et spatial. À l'échelle temporelle, nous devons réfléchir à la manière de réunir les conditions nécessaires pour protéger le droit des générations futures à une vie saine et de qualité sur notre planète. L'échelle spatiale réclame que nous imaginions un droit fondamental suisse de portée mondiale. Pour ces deux approches, on trouve des exemples pouvant servir de modèles.

PETITION TO THE INTER AMERICAN COMMISSION ON HUMAN RIGHTS SEEKING RELIEF FROM VIOLATIONS RESULTING FROM GLOBAL WARMING CAUSED BY ACTS AND OMISSIONS OF THE UNITED STATES

SUBMITTED BY SHEILA WATT-CLOUTIER,
WITH THE SUPPORT OF THE INUIT CIRCUMPOLAR CONFERENCE,
ON BEHALF OF ALL INUIT OF THE ARCTIC REGIONS OF THE UNITED STATES AND CANADA,
INCLUDING:

Pitseolak Alainga, Iqaluit, Nunavut
Heather Angnatok, Nain, Newfoundland and Labrador
Evie Anilniliak, Pangnirtung, Nunavut
Louis Autut, Chesterfield Inlet, Nunavut
Christine Baikie, Nain, Newfoundland and Labrador
Eugene Brower, Barrow, Alaska
Ronald Brower, Barrow, Alaska
Johnnie Cookie, Umiujaq, Quebec
Sappa Fleming, Kuujjuarapik, Québec
Lizzie Gordon, Kuujjuaq, Québec
Sandy Gordon, Kuujjuaq, Québec
David Haogak, Sachs Harbour, Northwest Territories
Edith Haogak, Sachs Harbour, Northwest Territories
Julius Ikkusek, Nain, Newfoundland and Labrador
Lucas Ittulak, Nain, Newfoundland and Labrador
Sarah Ittulak, Nain, Newfoundland and Labrador
Willie Jooktoo, Kuujjuarapik, Québec
Mina Jooktoo, Kuujjuarapik, Québec
Irving Kava, Savoonga, Alaska
John Keogak, Sachs Harbour, Northwest Territories
David Koneak, Kuujjuaq, Québec
George Koneak, Kuujjuaq, Quebec
Ben Kovic, Iqaluit, Nunavut
Frank Kudlak, Sachs Harbour, Northwest Territories
Nora Kuzuguk, Shishmaref, Alaska
John Lucas, Sachs Harbour, Northwest Territories
Samantha Lucas, Sachs Harbour, Northwest Territories
Pauloosie Lucassie, Iqaluit, Nunavut
Trevor Lucas, Sachs Harbour, Northwest Territories
Tony Manernaluk, Rankin Inlet, Nunavut
Jack Maniapik, Mayor, Pangnirtung, Nunavut
Rosemund Martin, Savoonga, Alaska
Warren Matumeak, Barrow, Alaska
Jamesie Mike, Pangnirtung, Nunavut
Meeka Mike, Iqaluit, Nunavut
Roy Nageak, Barrow, Alaska
Annie Napayok, Whale Cove, Nunavut
Enosilk Nashalik, Pangnirtung, Nunavut
Simon Nattaq, Iqaluit, Nunavut
Herbert Nayokpuk, Shishmaref, Alaska
George Noongwook, Savoonga, Alaska
Peter Paneak, Clyde River, Nunavut
Uqallak Panikpak, Clyde River, Nunavut
Joanasie Qappik, Pangnirtung, Nunavut
Apak Qaqqasiq, Clyde River, Nunavut
James Qillaq, Clyde River, Nunavut,
Paul Rookok, Savoonga, Alaska
Joshua Sala, Umiujaq, Québec
Akittiq Sanguya, Clyde River, Nunavut
John Sinnok, Shishmaref, Alaska
Jerome Tattuinee, Rankin Inlet, Nunavut
Stanley Tocktoo, Shishmaref, Alaska
Robbie Tookalak, Umiujaq, Québec
Kenneth Toovak, Barrow, Alaska
Alec Tuckatuck, Kuujjuarapik, Québec
Clara Tumic, Umiujaq, Québec
Isaac Tumic, Umiujaq, Québec
Sheila Watt-Cloutier, Iqaluit, Nunavut
Moses Weetaltuk, Kuujjuarapik, Québec
Stephen Weyiouanna, Shishmaref, Alaska
Geddes Wolki, Sachs Harbour, Northwest Territories
Lena Wolki, Sachs Harbour Northwest Territories
Jerry Wongitillin, Savoonga, Alaska

Petitioner's Legal Representative:
Paul Crowley
P.O. Box 1630
Iqaluit, Nunavut X0A 0H0
Canada
(867) 979-3396
pcrowley@nv.sympatico.ca

DECEMBER 7, 2005

Inscription: *Petition to the Inter American Commission on Human Rights Seeking Relief from Violations Resulting from Global Warming Caused by Acts and Omissions of the United States*, déposée par Sheila Watt-Cloutier, Canada, 2005

Le premier exemple est le suivant : en mars 2021, la Cour constitutionnelle fédérale allemande a pris la décision historique selon laquelle la loi fédérale sur la protection climatique de 2019 ne serait pas compatible avec les droits fondamentaux des générations futures, en raison de l'insuffisance des mesures de réduction des émissions de gaz à effet de serre d'ici à 2050. Les plaignants, dont de jeunes militant-es pour le climat, incitèrent la Cour à réfléchir aux droits dans une approche intergénérationnelle. L'élément essentiel de leur argumentation était que des exigences insuffisantes à la réduction des émissions de CO_2 prévues dans la loi fédérale sur la protection climatique de 2030 à 2050 représentaient un délai très limité pour la réalisation de l'objectif de neutralité climatique en Allemagne, que cela signifiait une restriction radicale de nombreux droits fondamentaux pour la population, et que le fardeau serait relégué de manière disproportionnée sur les générations futures. Du point de vue juridique, ce projet de loi est innovant, car il pose non seulement la base de la conception d'un droit fondamental futur, mais surtout aussi de la justification de ce droit de

L'activiste inuite Sheila Watt-Cloutier et sa pétition à la Commission interaméricaine des droits de l'Homme. Dans cette pétition, les signataires critiquent les États-Unis pour leur inaction face au réchauffement planétaire qui entraîne une violation des droits humains pour les Inuits.

Chris Windeyer, Portrait de l'activiste Sheila Watt-Cloutier, Canada, 2010, photographie | THE CANADIAN PRESS

façon à permettre une extension des droits fondamentaux de la population suisse existants sur les générations à venir. Pour garantir ce droit, nous devons réfléchir à la dimension spatiale du droit, à sa portée au-delà des frontières nationales.

Le projet spatial d'un tel droit nous ramène au sol glacé où a débuté notre voyage. Le 7 décembre 2005, Sheila Watt-Cloutier, membre de la communauté inuit canadienne, remit une pétition de 163 pages à la Commission interaméricaine des droits de l'Homme dans laquelle elle exigeait de la part des États-Unis d'Amérique, un des plus grands émetteurs de gaz à effet de serre, d'entreprendre sans tarder des mesures pour la protection des Inuits. Cette initiative était révolutionnaire, car le thème de la protection environnementale prenait pour la première fois un visage humain et s'introduisait dans le discours des droits de l'homme. Jusqu'à présent, on avait surtout évoqué les ours polaires menacés par la fonte des glaciers. Dans son livre novateur intitulé *Le droit au froid. Le combat d'une femme pour protéger sa culture, l'Arctique et la planète*, elle explique que la garantie du droit culturel des communautés indigènes à la glace, à la neige et au froid dans les régions polaires ne profite pas seulement à la protection de l'Arctique, mais aussi à celle de toute la planète. Si les États ont aujourd'hui de plus en plus tendance à protéger leurs droits d'accès égoïstes à leurs ressources fossiles au nom du développement « national », peut-être est-il temps de considérer les droits fondamentaux suisses à l'échelle mondiale. Sur l'exemple de Watt-Cloutier, nous pouvons demander : « Que faut-il faire aujourd'hui pour garantir aux générations futures en Suisse le droit au froid ? »

Je voudrais remercier Ella Daisy Müller pour son appréciation critique d'une version précédente de ce texte.

Regula Argast
Historienne, Prof. Dr.

Regula Argast enseigne l'histoire et la didactique de l'histoire à la Haute école pédagogique de Berne. Elle est aussi chargée de cours à UniDistance Suisse. Ses domaines de recherche sont l'histoire de la citoyenneté et de la nation, l'histoire de l'eugénisme et de la génétique et l'enseignement de l'histoire basé sur les compétences. Elle est en outre membre du Conseil scientifique du Liechtenstein-Institut à Bendern, au Liechtenstein.

Susanne Bennewitz
Historienne, Prof. Dr. phil.

Susanne Bennewitz est professeure en sciences culturelles à la Hochschule Trier (Haute école de Trèves). Elle a fait ses études et son doctorat à Fribourg-en-Brisgau, à Berlin et à Bâle. Elle a travaillé comme spécialiste du judaïsme au Musée juif de Suisse et enseigné à la Hochschule für Jüdische Studien à Heidelberg. Ses recherches sont notamment axées sur l'histoire culturelle et migratoire des sociétés juives, en particulier en Suisse. Son dernier ouvrage paru s'intitule *Jüdischdeutsche Drucke und Basler Mundart* (2017).

Debjani Bhattacharyya
Historienne, Prof. Dr.

Debjani Bhattacharyya est historienne et titulaire de la chaire sur l'histoire anthropocène à l'Université de Zurich. Ses travaux sont à la croisée des chemins entre l'histoire du climat, l'histoire du droit et l'anthropocène. Elle est l'auteure du livre primé *Empire and Ecology in the Bengal Delta: The Making of Calcutta.*

Numa Graa
Juriste, Prof. Dr.

Numa Graa a fait des études de droit aux Universités de Lausanne et de Berne. Il est titulaire d'un doctorat en droit de l'Université de Lausanne et d'un doctorat en histoire contemporaine de l'Université de Paris-Sorbonne (Paris IV). Son brevet d'avocat en poche, il est depuis 2021 professeur extraordinaire à l'Université de Genève, où il enseigne surtout l'histoire du droit et des institutions. Ses domaines de spécialisation sont l'histoire du droit public et du droit pénal en Suisse.

Jacqueline Grigo
Anthropologue sociale et culturelle, spécialiste des religions, Dr. phil.

Chercheuse associée à l'Université de Zurich, Jacqueline Grigo initie et réalise des projets de musée internationaux et participatifs en tant que curatrice et anthropologue sociale et culturelle. Elle a fait des études d'anthropologie sociale et culturelle (ethnologie), de médecine sociale et préventive, et est titulaire d'un doctorat en théologie. Dans sa thèse, elle a examiné le port de vêtements religieux pris entre la perception de soi et des autres.

Erika Hebeisen
Historienne, Dr. phil.

Erika Hebeisen est historienne et conservatrice au Musée national suisse. Elle a étudié l'histoire et la littérature moderne à Zurich et Berlin et a obtenu son doctorat à l'Université de Bâle en 2003. Depuis 2010, elle travaille au Musée national à Zurich, où elle est commissaire d'expositions et responsable de la collection Technologie & Traditions. Actuellement, elle dirige avec Michael Kempf le projet d'exposition consacré aux 175 ans de la Constitution fédérale suisse.

Helen Keller
Juriste, Prof. Dr. iur. Dr. h.c.

Helen Keller a étudié le droit à Zurich, à Bruges, à Cambridge et à Florence. Depuis 2004, elle est professeure ordinaire en droit public à l'Université de Zurich. De 2008 à 2011, elle a été membre du Comité des Droits de l'Homme des Nations Unies. D'octobre 2011 à décembre 2020, elle a officié comme juge à la Cour européenne des droits de l'homme à Strasbourg.

Michael Kempf
Curateur

Michael Kempf est concepteur d'expositions. Il a étudié la biologie ainsi que l'histoire et la philosophie de la connaissance à l'École polytechnique fédérale de Zurich. En 2015, il a rejoint le Musée national, où il a assuré le co-commissariat et la planification de nombreuses expositions consacrées à un large éventail de thèmes – de la Réforme protestante à la série d'animation japonaise ayant pour protagoniste Heidi. Avec Erika Hebeisen, il travaille actuellement à l'exposition « Bon anniversaire à tous vos droits. Les 175 ans de la Constitution fédérale ».

Josef Lang
Historien, Dr. phil.

Josef Lang est un historien indépendant résidant à Berne et a été conseiller national à Zoug. Sa thèse de doctorat zurichoise sur la répression et la résistance au Pays basque (1937–1977) a été publiée en 1983 sous le titre de *Das baskische Labyrinth*. Outre la question liée à l'idée de la nation, le catholicisme et l'histoire suisse représentent ses thèmes de spécialité. Sa plus récente publication s'intitule *Demokratie in der Schweiz. Geschichte und Gegenwart* (2020).

Martin Lengwiler
Historien, Prof. Dr.

Martin Lengwiler est professeur d'histoire contemporaine générale à l'Université de Bâle. Il travaille sur l'histoire de l'État social et l'histoire économique du secteur des assurances. De 2015 à 2019, il a été membre de la Commission indépendante d'experts internements administratifs. Depuis 2017, il est membre (membre ad hoc depuis 2022) du comité de direction du programme national de recherche *Assistance et coercition* (PNR 76).

Vanessa Rüegger
Juriste, PD Dr. iur.

Vanessa Rüegger est privat-docente à l'Université de Bâle, avocate et médiatrice. Après ses études et son doctorat à l'Université de Fribourg (Uechtland) ainsi que des séjours d'études à Londres, à Heidelberg et à New York, elle a consacré sa thèse d'habilitation à Bâle sur la liberté artistique. Elle s'est spécialisée dans le droit constitutionnel et administratif, le droit artistique et culturel, ainsi que dans la médiation, la restitution et les procédés de résolution de litiges informels.

Regula Argast

Redolfi, Silke Margherita: Die verlorenen Töchter. Der Verlust des Schweizer Bürgerrechts bei Heirat eines Ausländers, Chronos Verlag, Zurich 2019. + + + Studer, Brigitte/Arlettaz, Gérald/Argast, Regula: Das Schweizer Bürgerrecht. Nationalität und Ordnung des Sozialen in der Schweiz von 1848 bis zur Gegenwart, avec la collaboration d'Anina Gidkov, d'Erika Luce et de Nicole Schwalbach, Verlag Neue Zürcher Zeitung, Zurich 2008. + + + Wecker, Regina: « Die Politik mit dem Bürgerrecht », dans: Traverse: Zeitschrift für Geschichte 20, Chronos Verlag, Zurich 2013, p. 141–155.

Susanne Bennewitz

Argast, Regula: Staatsbürgerschaft und Nation, Vandenhoeck & Ruprecht, Göttingen 2007. + + + Bhend, Angela/Picard, Jacques (édit.): Jüdischer Kulturraum Aargau, Hier und Jetzt, Verlag für Kultur und Geschichte GmbH, Zurich 2020. + + + Rosenstein, Gabrielle (édit.): Jüdische Lebenswelt Schweiz. 100 Jahre Schweizerischer Israelitischer Gemeindebund, Chronos Verlag, Zurich 2004.

Debjani Bhattacharyya

Jouvet, Guillaume/Huss, Matthias: Future retreat of Great Aletsch Glacier. Journal of Glaciology, Vol. 65, N° 253, p. 869–872, Cambridge University Press, 2019, https://doi.org/10.1017/jog.2019.52, consulté le 4. 10. 2022. + + + Purtschert, Patricia: Jenseits des Réduits: « Die Schweiz und die Berge im Zeitalter der Dekolonisation », dans: Schweizerische Zeitschrift für Geschichte, Vol. 63, N° 2, Schwabe Verlag, Bâle 2013, p. 250–268. + + + Watt-Cloutier, Sheila: Petition to the Inter-American Commission on Human Rights Seeking Relief from Violations Resulting from Global Warming Caused by Acts and Omissions of the United States, 2005, http://climatecasechart.com/wp-content/uploads/sites/16/non-us-case-documents/2005/20051208_na_petition.pdf, consulté le 4. 10. 2022. + + + Watt-Cloutier, Sheila: The Right to be Cold: One Woman's Fight to Protect the Arctic and Save the Planet from Climate Change, University of Minnesota Press, Minneapolis 2018.

Numa Graa

Kölz, Alfred: Histoire constitutionnelle de la Suisse moderne. L'évolution institutionnelle de la Confédération et des cantons depuis 1848, Stämpfli Verlag, Berne 2013. + + + Malinverni, Giorgio/Hottelier, Michel/Hertig Randall, Maya/Flückiger, Alexandre: Droit constitutionnel suisse, Vol. 2: Les droits fondamentaux, Stämpfli Verlag, Berne 2021. + + + Müller, Jörg Paul: « Introduction aux droits fondamentaux », dans: Jean-François Aubert et al. (édit.): Commentaire de la Constitution fédérale de la Confédération suisse du 29 mai 1874, Bâle/Zurich/Berne 1987–1996.

Jacqueline Grigo

Berghahn, Sabine/Rostock, Petra/Nöhring, Alexander: Der Stoff, aus dem Konflikte sind. Debatten um das Kopftuch in Deutschland, Österreich und der Schweiz, Transcript Verlag, Bielefeld 2015. + + + Frietsch, Elke/Dennerlein, Bettina/Steffen, Therese: Verschleierter Orient – Entschleierter Okzident? (Un)Sichtbarkeit in Politik, Recht, Kunst und Kultur seit dem 19. Jahrhundert, Wilhelm Fink Verlag, Paderborn 2012. + + + Grigo, Jacqueline: Religiöse Kleidung. Vestimentäre Praxis zwischen Identität und Differenz, Transcript Verlag,

Bielefeld 2015. +++ Mader, Luzius/ Schinzel, Marc: «Religion in der Öffentlichkeit», dans: Bochinger, Christoph (édit.), Religionen, Staat und Gesellschaft. Die Schweiz zwischen Säkularisierung und religiöser Vielfalt, Verlag Neue Zürcher Zeitung, Zurich 2012, p. 109 – 144.

Helen Keller

Biaggini, Giovanni: Bundesverfassung der Schweizerischen Eidgenossenschaft. Kommentar, Orell Füssli Verlag, 2e éd., Zurich 2017. +++ Haller, Walter: The Swiss Constitution in a Comparative Context, Dike Verlag, 2e éd., Zurich 2016.

Josef Lang

Lang, Josef/Meier, Pirmin: Kulturkampf. Die Schweiz des 19. Jahrhunderts im Spiegel von heute, Hier und Jetzt, Verlag für Kultur und Geschichte, Baden/Zurich, 2016. +++ Mattioli, Aram (édit.): Antisemitismus in der Schweiz (1848 – 1969), Orell Füssli Verlag, Zurich 1998. +++ Tosato-Rigo, Danièle/ Kley, Andreas: «Religiöse Toleranz», dans: Historisches Lexikon der Schweiz (HLS), Version du 8. 11. 2011, https://hls-dhs-dss.ch/de/articles/011452/2011-11-08/, consulté le 14. 9. 2022.

Martin Lengwiler

Keller, Christian: Visionen, Volkshetze, Betrügereien. Der Weg zum modernen Steuerstaat am Beispiel der Kantone Basel-Stadt und Basel-Landschaft (1833 – 1928), Chronos Verlag, Zurich 2017. +++ Unabhängige Expertenkommission Administrative Versorgungen (édit.): Organisierte Willkür. Administrative Versorgungen in der Schweiz 1930 – 1981, Schlussbericht, Vol. 10 A, Chronos Verlag, Zurich 2019.

Vanessa Rüegger

Garton Ash, Timothy: Redefreiheit. Prinzipien für eine vernetzte Welt, Carl Hanser Verlag, Munich 2016. +++ Mchangama, Jacob: Free Speech: A Global History from Socrates to Social Media, Basic Books, New York 2022. +++ Rüegger, Vanessa: Kunstfreiheit, Helbing Lichtenhahn Verlag, Baden-Baden/ Bâle 2020. +++ Siapera, Eugenia: Understanding new media, Sage Publications, 2e éd., Los Angeles 2018.

Exposition

Direction générale Denise Tonella +++ **Commissaires d'exposition** Erika Hebeisen, Michael Kempf +++ **Scénographie** Rappaport Szenographie Architektur GmbH, Christa Held, Alain Rappaport +++ **Assistante du projet** Naomi Eggli +++ **Coordination du projet** Sophie Dänzer +++ **Conseil scientifique** André Holenstein, Helen Keller, Vanessa Rüegger, Julia Tiefenbacher +++ **Comité consultatif** Heidi Amrein, Beat Högger, Markus Leuthard, Sabrina Médioni, Denise Tonella +++ **Contrôle du projet** Sabrina Médioni +++ **Médiation culturelle** Gerda Bissig, Lisa Engi, Vera Humbel +++ **Conception graphique** Weicher Umbruch, Andrea Münch, Markus Läubli +++ **Graphisme publicitaire** Roli Hofer +++ **Jeux** Playing History UG & Co. KG, Martin Thiele-Schwez, Michael Geithner, Lauritz Daher +++ **Direction technique** Ladina Fait, Mike Zaugg +++ **Aménagement de l'exposition** Bashir Ezzerari, Janine auf der Mauer, Marc Hägeli, Dave Schwitter, Philippe Leuthardt +++ **Direction des travaux de conservation** Tino Zagermann +++ **Conservation et montage d'objets** Natalie Ellwanger, Iona Leroy, Sarah Longrée, Charlotte Maier, Jürg Mathys, Ulrike Rothenhäusler, Christian Alder, Stahl und Schweiss +++ **Prêts et logistique d'objets** Christian Affentranger, David Blazquez, Simon D'Hollosy, Reto Hegetschweiler, Markus Scherer, Claudio Stefanutto, Samira Tanner, Angela Zeier +++ **Photographie** Jörg Brandt, Felix Jungo +++ **Photothèque** Fabian Müller, Andrea Kunz +++ **Services informatiques** Danilo Rüttimann, René Vogel +++ **Film d'animation** YK Animation Studio GmbH, Joder von Rotz, Fela Bellotto +++ **Bornes interactives** Alex Baur, Thomas Bucher, Ueli Heiniger, Pasquale Pollastro, Danilo Rüttimann, René Vogel, Tweaklab AG +++ **Marketing et communication** Andrej Abplanalp, Anna-Britta Maag, Sebastiano Mereu, Carole Neuenschwander Alexander Rechsteiner +++ **Traductions** Martina Albertini, Bill Gilonis, Language Factory, Marco Marcacci, Laurence Neuffer, Übersetzungsdienst der Staatskanzlei Graubünden, Rätoromanischer Sprachdienst der Bundeskanzlei

Publication

Éditeur Musée national suisse +++ **Concept et rédaction** Erika Hebeisen, Michael Kempf +++ **Relecture** Adrienne Heilbronner, Sandstein Verlag +++ **Mise en page** Michaela Klaus, Sandstein Verlag +++ **Composition et reprographie** Katharina Stark, Jana Neumann, Sandstein Verlag +++ **Impression et finition** FINIDR s.r.o., Český Těšín +++ **Police** GT America +++ **Papier** Lessebo rough 1,3 natural 120 g/m², Fedrigoni Materica Gesso 250 g/m²

La Deutsche Nationalbibliothek répertorie cette publication dans la Deutsche Nationalbibliografie ; des données bibliographiques sont disponibles sur Internet à l'adresse suivante : http://dnb.dnb.de.

www.sandstein-verlag.de

Édition librairie
978-3-95498-730-6

Édition musée
978-3-905875-59-1